경제에 관해 생각하는 방법

입문

도서출판 **리버티**에서 낸 역서

≪경제 모형과 방법론≫

≪공공선택론 입문≫

≪미국의 외교 문제: 간결한 역사≫

≪루트비히 폰 미제스 입문≫

≪시장은 어떻게 작동하는가: 불균형, 기업가 정신 그리고 발견≫

≪자유주의와 연고주의: 대항하는 두 정치 경제 체제≫

≪오스트리아학파 경제학 입문≫

≪대도시 지역의 공공경제: 공공선택 접근법≫

≪자유 사회의 기초≫

≪초보자를 위한 자유의 길잡이≫

≪고전적 자유주의 입문≫

≪축약된 국부론: 그리고 대단히 축약된 도덕 감정론≫

≪자유 101≫

≪공공 정책과 삶의 질: 시장 유인 대 정부 계획≫

≪번영의 생산: 시장 과정의 작동의 탐구≫

≪애덤 스미스 입문≫

≪공공선택론 고급 개론≫

≪아인 랜드 개론≫

≪시장의 재도입: 시장 자유주의의 정치적 부활≫

≪자본주의 개론≫

≪정치적 자본주의: 경제 및 정치 권력이 어떻게 형성되고 유지되는가≫

≪학파: 101인의 위대한 자유주의 사상가≫

≪본질적인 오스트리아학파 경제학≫

≪기업가 정신 개론≫

≪본질적인 애덤 스미스≫

≪민주주의 개론≫

≪본질적인 제임스 뷰캐넌≫

≪본질적인 밀턴 프리드먼≫

≪무역과 세계화 개론≫

≪본질적인 자유의 여성들≫

≪경제적 불평등 개론≫

경제에 관해 생각하는 방법 입문

페어 L. 바일런드 지음 · 황수연 옮김

How to Think about the Economy

A Primer

by Per L. Bylund

Mises Institute

도서출판 리버티

경제에 관해 생각하는 방법 입문

지은이 **페어 L. 바일런드**
옮긴이 **황수연**
펴낸이 **구자춘**

초판 1쇄 펴낸날 2023년 1월 28일

도서출판 리버티
48075 부산 해운대구 양운로 182, 103-404
전화 (051) 701-0122 / 팩스 (051) 918-0177
출판등록 2013년 1월 10일 제333-2013-000001호
전자우편 jachoon2@hanmail.net

Liberty Publishing House
182 Yangwoon-ro, 103-404, Haeundae-gu, Busan 48075, Republic of Korea
Phone 82 51 701 0122
email jachoon2@hanmail.net

© 도서출판 리버티 2023

How to Think about the Economy: A Primer by Per L. Bylund
First published by The Mises Institute, Auburn, Alabama, in 2022
Copyright © The Mises Institute 2022
All rights reserved.

Korean translation edition © 2023 by Liberty Publishing House
Translated by Sooyoun Hwang
Published by arrangement with The Mises Institute, Auburn, Alabama, USA.
Reprinted by permission. All rights reserved.

이 책의 한국어 판권은
저작권자인 The Mises Institute와 계약한
도서출판 리버티에 있습니다.
저작권법에 의해 한국 내에서 보호를 받는 저작물이므로
어떠한 형태로든 무단 전재와 무단 복제를 금합니다.

ISBN 978-89-98766-31-3 (03300)

*카를 멩거(Carl Menger), 루트비히 폰 미제스(Ludwig von Mises),
그리고 내가 그 어깨 위에 서 있는 큰 영광을 누리는 그 밖의 거인들에게.*

1982년에 설립된 미제스 연구소(THE MISES INSTITUTE)는 오스트리아학파 경제학 연구를 위한 교육 및 연구 센터입니다. 루트비히 폰 미제스, 머리 N. 로스버드, 헨리 해즐릿, 그리고 F.A. 하이에크가 대표하는 학파를 옹호하여, 우리는 책들과 학술 잡지들을 출판하고, 학생 및 전문 학회들을 후원하며, 온라인 교육을 제공합니다. mises.org는 이런 사상들에 관심 있는 세계 누구에게나 무료 자료의 방대한 공급원입니다. 우리는 국가주의에서 사유 재산 질서로 지적 분위기에서 근본적인 전환을 옹호합니다.

더 많은 정보를 얻기 위해서는, mises.org를 보시거나 info@mises.org로 우리에게 편지 쓰시거나, 1.800.OF.MISES로 우리에게 전화하십시오.

차례

헌사 ··· 5
서문 ··· 11

제1부: 경제학 ··· 13

1 경제학이란 무엇인가 ····························· 15
    경제 ··· 16
    경제 문제 ·· 18
    이해로서의 경제학 ······························ 20

2 경제 이론 ··· 23
    출발점 ··· 24
    인간 행동의 분석 ································ 25
    행동 공리의 특징 ································ 27

3 경제학을 하는 방법 ······························· 31
    교환의 의미 ······································· 32
    가격과 가치 ······································· 34
    가격 기구 ·· 37
    단계적 방법 ······································· 39

    사회 과학으로서의 경제학 ·· 43

제2부: 시장 ·· 45

4 과정이지, 공장이 아니다 ··· 47
    조정되는 과정 ··· 48
    계속적인 혁신 ··· 52
    계속적인 불확실성 ·· 54

5 생산과 기업가 정신 ··· 57
    부족을 극복하기 위한 생산 ·· 58
    자본과 생산 ·· 63
    기업가의 역할 ··· 68
    기업가들은 실수한다 ·· 71

6 가치, 화폐, 그리고 가격 ··· 75
    가치를 측정하는 문제 ·· 76
    화폐의 사용 ·· 78
    화폐의 출현 ·· 81
    화폐의 중요성 ··· 84
    화폐 가격 ·· 86
    법정 불환 지폐와 가격 인플레이션 ··························· 89

7 경제 계산 ·· 93
    생산적 경제의 본질 ·· 94
    추진력 ··· 102

가치의 생산 ··· 104
　　기업가 정신과 관리 ·· 111

제3부: 개입 ··· 113
8 화폐적 개입 ··· 115
　　호황-불황 순환 ·· 115
　　수익률과 자본 투자 ·· 116
　　인위적 호황의 원인과 본질 ······························ 120
　　전환점 ··· 124
　　교정적 불황 ·· 129
9 규제적 개입 ··· 131
　　보이는 것 ·· 132
　　보이지 않는 것 ·· 133
　　실현되지 않는 것 ·· 137

결론: 행동과 상호 작용 ······································ 141

추가적인 읽을거리 ·· 143
지은이에 관해 ·· 150

・ *옮긴이 후기* ·· 152
・ *옮긴이에 관해* ·· 154

차례 • 9

서문

이 작은 책은 큰 어떤 것, 즉 경제학적 읽고 쓰기 능력(economic literacy)을 달성하기 위해 썼습니다. 그것은 경제학책들이 전형적으로 그렇듯이 겁을 주기보다는 마음을 끌도록 의도적으로 매우 짧게 해 두었습니다. 만약 내가 그럭저럭 이 장애에 대처했다면, 당신, 독자는 경제가 작동하는 방법에 관해 인생을 바꿀 만한 이해를 거의 즉시 얻을 것입니다. 이것은 매우 낮은 비용에 얻는 많은 가치입니다.

  만약 내가 그럭저럭 기대를 넘었다면, 이 책은 또한 당신에게 경제학이 제공해야 하는 것에 *호기심을 불러일으키게* 하기도 할 것입니다. 왜냐하면 경제학적 읽고 쓰기 능력은 마음을 열게 하는 것이기 때문입니다. 건전한 경제학적 추론은 경제와 사회 양쪽 다를 이해하기 위한 엄청나게 강력한 도구입니다. 그것은 표면 아래에서 무엇이 진행되고 있는지 그리고 사정이 왜 그런 식인지를 밝힙니다. 사실상, 경제학적 읽고 쓰기 능력은 세계를 올바로 이해하는 데 *필요*합니다.

  그러나 또한 내가 나의 사업에 실패했을 가능성도 아주 있을 수 있습니다. 만약 그렇다면, 내가 잘못했다고 당신이 생각하는 것과 내가 그것을 더 잘할 수 있었을 방법을 당신이 내게 이야기해 주신다면 감사하겠습니다. 나는 온라인에서 쉽게 찾을 수 있으니, 당신의 논평을 내게 보내 주십시오. 그 책을 다른 사람에게 넘겨주십시오. 그들은 그것에서 더 많이 얻는 더 나은 행운을 얻을지 모릅니다. 하여간, 당신이 그 책 때문에 비용이 많이 들지 않았어야 할 터인데요—그것은 아주 쌉니다. 그리고 아마도 당신은 여전히 무언가 배웠겠지요?

이 원고를 준비할 때, 나는 많은 사람으로부터 토론, 피드백, 그리고 제안으로 이익을 얻었습니다. 포터 버켓(Porter Burkett), 수잔 바일런드(Susanne Bylund), 리처드 게이전(Richard Gajan), 데이비드 고든(David Gordon), 조너선 뉴먼(Jonathan Newman), 그리고 마이클 노딘(Mikael Nordin)에게 특별히 감사드리는데, 이들은 원고의 이전 초고들에 피드백을 제공해 주셨습니다. 여전히 남아 있는 어떤 오류들이든 전적으로 나 자신의 잘못입니다.

나는 또한 이 책을 가능하게 하도록 후하게 기부해 주신 많은 사람과 오스트리아학파 경제 이론을 일반 대중이 짧고, 접근하기 쉬우며, 이해하기 쉬운 형으로 이용할 수 있게 이 기회를 주신 미제스 연구소에도 마음속 깊이 감사를 드립니다.

2022년 7월
오클라호마주 털사에서
페어 바일런드

제1부

경제학

1 경제학이란 무엇인가

경제학은 흥미진진한 분야이다.

   옛날부터 경제학은 세계가 어떻게 작동하는지 밝히려고 시도했다. 그것은 그것에[세계에] 자연적인 질서가 있다는 점을 보여주었거나, 증명하기조차 했다. 외관상 혼란에 구조가 있다. 경제는 상당한 자기 자신의 생애를 가지고 있다: 그것은 본질을 가지고 있다. 이것은 우리가 그것을 연구하고 그것의 방식들에 관해 배울 수 있다는 점을 의미할 뿐만 아니라, 우리가 마음 내키는 대로 그것에 자유롭게 간섭할 수 없고, 우리가 선호할지 모르지만 그것의 본질과 일치하지 않는 방식들로 그것이 작동하게 할 수 없다는 점도 의미한다. 경제가 작동하는 "법칙들(laws)"이 있고, 그것들은 변경할 수 없다. 지난 3세기에 걸쳐 경제학은 그런 법칙들을 식별하고, 배우며, 이해하는 것에 관한 것이었다.

   경제를 이해하는 핵심은 그것이 인간 행동들과 상호 작용들에 관한 것이라는 점을 인식하는 것이다. 사실상, 경제는 사람들이 행동하고 상호 작용하는 것이다. 그것은 그밖에는 거의 혹은 전혀 아니다. 우리는 경제를 자원들, 기계들, 기업들, 그리고 어쩌면 일자리들의 면에서 생각하는 경향이 있다. 그러나 그것은 오도하는 단순화이다. 그것들이 중요하지만, 그것들은 모두 목적에 대한 수단이다. 경제는 *목적을 달성하기 위해 수단을 사용하는 것*에 관한 것이다. 다르게 표현하면, 그것은 우리의 욕망을 충족하기 위해, 우리를 더 잘살게 만들기 위해, 우리가 어떻게 행동하는가에 관한 것이다. 간단히 표현하면, 경제는 가치를 창출하는 것에 관한 것이다.

우리의 수단은 제한되어 있지만 우리의 욕망은 그렇지 않다. 우리는 우리가 가지고 있는 얼마 안 되는 것을 가지고 가능한 한 많이 만드는 방법을 생각해 내야 한다. 만약 우리가 한 목적을 추구하기로 선택한다면, 우리는 똑같은 수단을 다른 목적을 추구하는 데도 사용할 수가 없다. 바꿔 말하면, 항상 대체 관계가 있다. 우리가 내리는 모든 선택과 우리가 취하는 모든 행동은 우리가 선택하지 않은 것을 포기한다는 점을 의미한다. 당신이 드라이브를 위해 자동차를 타거나 당신이 집에 머물거나 둘 중 하나를 한다. 당신은 동시에 둘 다 할 수 없다. 당신은 당신의 돈을 한 물건을 사거나 다른 물건을 사는 데 사용할 수 있다. 혹은 당신은 다른 때를 위해 당신의 돈을 저축할 수도 있다. 그러나 똑같은 돈이 어떤 것을 사는 데와 또한 저축되는 데 양쪽 다에 사용될 수는 없다. 당신이 한 가지를 선택하는 것은 당신이 다른 것을 선택하지 않았고 선택할 수 없다는 점을 의미한다. 이것을 저것에 우선하여 선택함으로써, *행동함*으로써, 우리는 우리에 대한 사물들의 가치를 등급 짓는다—우리는 *절약한다*(economize). 경제는 우리가 모두 절약하는 것이다.

경제

경제는 계획되지 않은 질서이다. 그것은 사람들이 자기 할 일을 할 때, 우리가 적합하다고 보는 대로 우리가 행동하고 상호 작용할 때, 일어나는 것이다.

프랑스 19세기 경제학자 프레데리크 바스티아(Frédéric Bastiat)는 이것을 한 질문으로 포착했다: "파리가 어떻게 먹게 되는가?" 대도시에서 살고 있으므로, 파리 사람들은 식량을 생산하지 않지만, 여전히 그것에 풍부하게 접근할 수 있다. 중요한 질문은 이것이 어떻게 있게 되느냐이다. 결국, 파리 사람들에게 무슨 유형들과 양들의 식품들이 언제 제공되어야 하느냐에 대한 중앙 계획이 없다. 농부들에게 언제 무엇을 씨 뿌리라거나, 각 작물에 대해 어느 땅을 사용하라거나, 자기들의 농산물을 무슨 도시들, 읍들, 혹은 시장 광장들에서 무슨 가격들에 팔라고 지시하는 사람이 아무도 없다. 이 모든 것은 *그저 일어날 뿐이다*. 경제는 모든 사람이 — 농부들과 도시 사람들 다 같이 — 자기들 자신의 계획과 결정을 하는 분권화되고 분산된 체제이다. 그들은 그저 어떤 중앙 사령부로부터의 지시를 수행할 뿐인 것이 아니다.[1]

경제학의 목적은 경제가, 어떤 형태로라도, 작동하는 방법을 이해하는 것이다: 사람들이 자기들이 적합하다고 보는 대로 자기들 자신의 결정을 하고, 행동하며, 상호 작용하는 전반적인 과정의 본질과 작동을 이해하는 것이다. 경제는 계획과 계획자 양쪽 다가 없다. 그것은 목표조차도 가지고 있지 않다. 그것은 그저 존재할 뿐이다.

그러나 사람들은 목표를 가지고 있다. 그들은 자기들이 서로 다른 수단을 써서 만족시키려고 애쓰는 필요와 욕망을 가지고 있다. 어떤 것들

---

[1] 많은 경제에서, 정부는 큰 역할을 하는데, 이것은 종종 중앙 사령부의 형태로이다. 우리는 이 쟁점을 제3부에서 논할 것이다. 현재로서는, 우리는 경제 자체에 — 즉, 사정이 어떻게 자기 힘으로 그리고 중앙 명령이나 계획 없이 잘 풀리게 되는지에 — 집중하고 있을 것이다.

은 자연에 의해 제공되지만, 그것들 대부분은 사람들이 그것들을 생산하는 데 노력할 것을 요구한다. 이것들은 우리가 가지고 있는 무슨 욕망이든 만족시키는 재화와 서비스다. 생산은 경제에 핵심이다: 그것은 높이 평가되는 욕망을 가능한 한 많이 충족시키기 위해 가능한 한 많은 수단을 제공하는 것에 관한 것이다.

경제 문제

생산은 문제이다. 그것은 그저 얼마나 많은 자원이 이용될 수 있는지의 일만은 아니다. 투입과 산출 사이에 불변의 관계는 없다. 아주 흔히 더 많은 투입물이 더 많은 산출물을 생산할 수 있다는 점은 사실이다. 그러나 혁신들로 우리는 투입당 더 많은 산출을 얻는다 − 우리는 생산성을 증가시킨다. 이것은 우리가 그저 양뿐만 아니라 산출물의 *가치* (value)를 이야기할 때 더욱더 명백하다. 가치는 전혀 자동적이지 않다. 누구나 아주 가치 없는 것으로 드러나는 어떤 것을 생산하는 데 많은 자원을 사용할 수 있다. 만약 내가 그림 한 점을 그리면, 나의 노력이나 내가 얼마나 많은 그림물감을 사용하는가와는 상관없이 기대 결과는 거의 가치가 없을 것이다. 빈센트 반 고흐(Vincent van Gogh)가 사용하는 똑같은 화포와 그림물감은 훨씬 더 높은 가치를 지닌 어떤 것을 창작할 것이다. 내 그림에 그의 서명을 둠으로써 그것은 내 그림의 가치를 증가시킬 것이다. 그러나 그의 그림에 한 나의 서명은 그것의 가치를 줄일 것이다.

투입물들과 산출물들 사이 존재하는 유일한 관계는 산출물들을 낳는

데 투입물들이 사용되어야 한다는 점뿐이다. 우리는 무에서 유를 창조할 수 없다.

경제 문제는 생산 *자체*가 아니라 절약하는 생산(economizing production)이다. 그것은 우리가 용도들을 발견할 수 있는 것보다 더 많은 자원을 우리가 가지고 있지 않기 때문에 발생하는 문제에 관한 것이다. 바꿔 말하면, 자원들은 부족하다. 그래서 우리의 자원들이 어떻게 (가치 면에서) 가능한 최상의 결과를 낳는 데 사용될 수 있는지 해결하는 것이 우리의 의무다. 특히 지난 2-3세기에, 우리는 이것을 해결하는 데 더욱더 능해졌다. 수천 년 동안, 우리는 아주 거의 진전하지 못했지만, 갑자기, 산업화(industrialization)라고 불리는 것으로, 연달아 여러 국가가 생산에서 획기적인 진전을 통해서 빈곤에서 벗어나기 시작했다. 경제학에서 관심은 이 발전과 일치한다.

이 사실에서 애덤 스미스(Adam Smith)의 엄청나게 영향력 있는 논저의 제목, 즉 ≪국부의 본질과 원인의 탐구(An Inquiry into the Nature and Causes of the Wealth of Nations)≫가 유래한다. 그 제목은 여전히 경제학에 핵심인 국부(번영)의 두 차원, 즉 부의 *본질*과 그것의 *원인*에 관심을 불러일으킨다. 부의 본질은 우리가 그것을 어떻게 이해해야 하는지, 무엇이 그것을 포함하는지, 그리고 체제로서 경제가 어떻게 개인적인 만족으로서 가치의 이론과 관련되는지를 나타낸다. 부의 원인은 이 번영을 일으킨 기원들과 특정 과정들을 나타낸다. 만약 우리가 그것들을 올바르게 이해한다면, 우리는 사람들을 가난에서 벗어나게 할 수 있고 더욱더 번영하는 사회를 창설할 수 있다.

경제가 어떻게 작동하는가에 관한 연구로서 경제학은 결과적으로 또한 번영이 어떻게 창출되는가에 관한 과학이기도 하다.

이해로서의 경제학

경제학자가 되는 것은 계속 진행 중인 과정으로서 경제의 연구자가 되는 것이다. 목적은 그것이 작동하는 방법과 그것의 본질을 이해하는 것이다. 그것은 우리가 경제라고 인정하는 보편적인 과정들, 메커니즘들, 그리고 질서들의 본질과 원인을 알아내는 것에 관한 것이다. 이것으로부터 우리는 번영에 관해서 그리고, 중요하게는, 그것을 더 많이 산출하고 더 많은 사람이 그것에서 이익을 얻도록 확실히 하는 방법에 관해서 배운다.

경제가 작동하는 방법에 관한 이해를 형성하기 위해서, 우리는 그것이 존재하고 그것에 질서가 있다는ㅡ그것이 *본질*(nature)을 가지고 있다는ㅡ사실 앞에서 겸손해야 한다. 경제학자의 임무는 미래의 세부 사항들을 예측하는 것이 아니라, 우리가 관찰할 수 있는 경제적 결과들을 낳는 근원적인 과정들을 밝히는 것이다. 바꿔 말하면, 우리는 집합적인 경제 현상과 행동을 이해할 논리ㅡ경제 *이론*ㅡ를 전개해야 한다. 경제학은 *경제에 관해 생각하고 추론하는 방법*을 위한, 진행되고 있는 것을 이해하기 위한, 틀이다. 말하자면, "직관(intuition)"이다.

경제학을 배우는 것은 우리가 일부인 세계를 우리가 더 잘 이해할 수 있도록 근본적으로 경제학적 읽고 쓰기 능력을 얻는 것에 관한 것이라는 결론이 된다. 형식화된 모형들에서 우리가 발견하는 고안된 세계가 아니라, *현실* 세계를. 루트비히 폰 미제스(Ludwig von Mises)가 표현하듯이, "경제학은, 참모습 그대로 약하고 실수하기 쉬운, 현실 인간을 다루지, 오직 신들만이 될 수 있는, 전능하고 완전한, 이상적인 존재들을 다루지 않는다." 바로 그렇다.

2 경제 이론

다른 과학들과 연구 분야들같이, 경제학은 이론의 집단이다. 이론은 우리가 어떤 것을 이해할 수 있게 하는 설명들의 집합이다. 경제 이론은 *경제가 어떻게 작동하는지 우리가 이해할* 수 있게 한다. 그것은 우리가 경제 현상의 의미, 영향, 기원, 그리고 진화를 이해할 수 있도록 전체로서 경제의 작동을 설명한다.

  이론이 신뢰할 수 있고 유용하기 위해서는, 그것은 일관성 있는 그림을 제공해야 한다. 만약 그것이 그렇게 하지 않으면, 그것의 설명 중 몇몇은 모순적이다. 모순은 무언가 잘못됐다는 징후이다. 그래서, 한 이론의 본체는 논리적으로 엄격해야 하고 일관성 있는 전체를 구성해야 한다. 이것은 그것이 자기가 의존하는 기본 가정들과 양립해야 한다는 점-그것이 첫째 원리들에 충실해야 한다는 점-을 의미한다.

  그러나 첫째 원리들에 기초한 일관성 있는 전체를 산출하는 것은 만약 그런 원리들 자체가 결함이 있다면 충분하지 않다. 결국, 잘못된 가정들에 기초하여 내적으로 일관성 있는 이론을 산출하는 것이 가능하다. 그러한 체계들이 일관성이 있기 때문에, 그것들이 매우 설득력 있게 보일 수 있지만, 그것들은 여전히 진정한 이해를 제공하지 못하는데, 왜냐하면 모든 설명이, 사실이 아니고 어쩌면 이치에 맞기조차 하지 않을, 어떤 것에 달려 있기 때문이다. 당신은 종이가 철보다 더 강하다고 믿는 기술자가 설계한 다리를 건너기를 원하지 않을 것이다. 사용된 수학이 얼마나 정확한지 혹은 설계가 얼마나 정교한지는 문제가 되지 않는다—가정이 틀렸고 그러므로 다리는 믿을 수 없다. 설사 모든 계산이 정확하다고 할지라도 그것은 예상되는 무게를 지탱할 수 없다. 경제 이론에 대해서도 마찬가지다: 그것은 견고한 원리들과 신뢰할 수 있는 가정들에 의거하여야 한다.

결과적으로, 세계가 어떻게 작동하는지를 이론이 올바르게 설명하려면, 그것은 내적으로 일관성이 있어야 하고 진정한 가정들에 기초하여야 한다. 이론은 그런 기준 중 단지 하나만 충족하면서 여전히 우리에게 세계의 진정한 이해를 제공할 수는 없다. 그것은 둘 다를 충족하여야 한다.

출발점

경제학은 목적이 있는 행위로서 인간 행동(human action)의 개념에 기초하고 있다. 이것이 의미하는 것은, 사람들이 행동할 때, 그들이 어떤 것을 달성하려고 한다는 것이다. 그것은 그들이 항상 정확하다거나 (그것이 무엇이건) "옳은 일(right thing)"을 한다는 점을 의미하지 않는다. 그러나 그것은 그들이 그것을 달성하려고 하는 이유가 그들이 기대되는 결과를 어떤 식으로 *소중히 여기기*(value) 때문이라는 점을 의미한다. 그들이 무엇을 소중히 여기는지, 그들이 왜 그것을 소중히 여기는지, 그리고 그렇게 하는 것이 이치에 맞거나 합리적인지 아닌지는 상관없다. 그러한 것들은 경제 이론의 범위를 넘어서 있다. 중요한 것은 기대 결과로 그들의 행동에 동기가 부여된다는 점이다.

사람들이 왜 어떤 것들을 소중히 여기지만 다른 것들을 소중히 여기지 않는지를 경제학이 다루지 않는 것은 이상하게 보일지 모른다. 그러나 그것은 다루지 않는다. 사람들의 꿈, 공상, 그리고 상상은 오직 그것들에 *따라 행동할*(acted upon) 때에만 경제적 적실성을 가지고 있다. 결국, 당신이 따라 행동하지 않는 꿈을 당신이 가지고 있다면, 당신은 그것이 일어나게 만들고 있지 않다. 그것은 여전히 그저 꿈일 뿐이다. 꿈 자체는 세계에 차이를 가져오지 않는다; 그저 소망하는 것만은 그것을 현실로 만들지 않는다.

그래서, 행동은 사회적 현실을 연구할 상당히 논리적인 출발점이다. 행동하는 것은 우리가 세계에 변화를 만드는 방식이다.

인간 행동의 분석

행동을 그 자체-목적 있는 행위-로 인정하는 것은 놀랍도록 강력하다. 그것은 우리에게 대부분 사람이 가능하다고 생각하는 것을 훨씬 넘어 인간사(人間事)에 관한 통찰들을 제공한다. 사실상, 경제학자 루트비히 폰 미제스는 경제 이론이 이 간단한 개념에서 도출될 수 있음을 보여주었다.

그저 인간 행동이 무엇을 의미하는지 상술하는 것만으로부터도 우리가 세계에 관해 배울 수 있는 유형들의 일들을 고찰해 보자. 우리는 행위자에게 합리적인 어떤 목적을 위해 행동이 취해진다는 점을 이미 지적했다. 우리는 행위자가 이롭다고 여기는 어떤 것-어떤 결과-을 달성하는 쪽으로 행동이 돌려진다는 점을 알고 있다. 바꿔 말하면, 행동은 행위자가 개인적으로 소중히 여기는 어떤 것을 달성하도록 의도된다.

행위자들이 어떤 것을 달성하려고 하고 있기 때문에, 그들이 이미 그것을 달성한 것이 아니고 그들이 이미 처한 상태보다 상태가 더 나아지기 위해 행동을 취한다는 결론이 된다. 결과적으로, 우리는 행위자들이 원하는 것들이, 그들이 가지고 있지 않지만, 자기들을 더 낫게 만들 것이라고 자기들이 믿는 행동을 취함으로써 자기들이 달성할 수 있다고 그들이 생각하는 것들이, 있다고 결론짓는다. 바꿔 말하면, 행동들은 근본적으로 *인과적*(causal)이다: 우리가 특정 변화를 일으킬 수 있다고 우리가 믿기 때문에 우리는 행동한다.

우리는 또한 행위자들이 자기들의 행동이 결과를 달성할 최상의 혹은 유일한 방법이라고 생각한다고 결론짓기도 한다. 그렇지 않다면 왜 행동에 착수할까? 그들이 이미 그렇게 하지 않았다는 점은 그들이 그 가능성을 알지 못했거나, 그것에 따라 행동할 수단이 없었거나, 다른 목적들을 더 높이 등급 지었다는 점을 암시한다. 이 모든 것은 부족―간직한 모든 욕망을 충족시킬 수단이 불충분하다는 점―과 행위자가 선택한다는 점을 암시한다. 행위자가 선택해야 한다는 점은 그가 대체관계를 고려해야(make tradeoffs) 한다는 점을 함축한다. 바꿔 말하면, 행위자는 *절약한다*(economizes).

우리는 또한 인간 행동이 사실상 항상 어떤 개인적으로 소중하게 여겨지는 목적에 의해 동기가 부여되고 그 목적을 향해 취해지는 *개인적인*(individual) 행동이라고 결론지을 수도 있다. 다른 개인들도 똑같은 결과를 명심할지 모르고, 실행될 수 있기 위해서 행동은 협력이 필요할지 모르지만, 이것은 각자가 행동한다는 사실을 바꾸지 않는다. 사람들이 행동 통일을 하기로 선택할지 모르지만, 그런 것들은 개인 선택이다. 집단 자체는 행동하지 않는다. 네 사람이 피아노를 들어 올려서 이동시킨다는 사실은 집단이 피아노를 들어 올렸다는 점을 의미하는 것이 아니라, 네 사람이 그 공동 목적을 향한 자기들의 개인적인 노력들을 조정하였다는 점을 의미한다. 바꿔 말하면, 경제학은 *방법론적으로 개인주의적*(methodologically individualist)이다.

기업, 집단, 그리고 정부 같은 것들이 존재하고 사람들이 행동하는 방식에 실제 영향을 끼친다. 그러나 우리는 또한 기업, 집단, 그리고 정부 *안에 있는* 사람들이 행동한다는 점도 인식하지 않고서는 어떻게 그런지를 이해할 수 없다. 이 점을 인식함으로써, 집단 안에 있는 행위자들이 집단의 명시된 목표들과 모순되는 목표들을 가지고 있을지 모르고 그러므로 긴장들이 있으며 어떤 사람들이 집단의 명시된 목표들을 몰래 손상하는 방식들로 행동할지 모른다는 점을 이해한다. 만약 우리가 집단 자체가 행동한다고 가정했더라면 이것은 가능하지 않을 것이다.

행동 공리의 특징

경제학은 경제를 구성하는 과정들을 밝히는 데 논리적인 추론을 사용하고, 그것은 행동 동기가 개인적이라는 점 – *가치가 주관적*(value is subjective)이라는 점 – 을 인식한다. 가치 주관성은 경제학자들이 가격들을 한계치에서 개인적인 평가들의 결과로서 설명하는 현실주의적이고 신뢰할 수 있는 이론을 공식화할 수 있게 한다. 개인들이 행동 사이에서 선택하기 때문에, 그들은 자기들의 선택지들을 등급 지어야 한다. 그들은, 행동의 결과가 자기들에게 제공할 것으로 자기들이 기대하는 예상 가치에 기초하여, 주관적으로 그렇게 한다.

우리는 사물들을 전혀 그 자체로 평가하지 않고, 그것들이 우리에게 제공할 수 있다고 우리가 생각하는 만족에 대해 평가한다. 사막에서 한 잔의 물은 집에서 소파에서 빈둥거리는 동안 한 잔의 물보다 아마도 더 만족스러울 것이다. 왜? 우리는 사물들을 우리가 처해 있는 상황에서 그것들이 우리에게 줄 수 있는 만족에 따라 평가하기 때문이다. 소파에서 빈둥거릴 때 우리가 한 잔의 물에서 얻을 수 있는 최대 만족은 사막에서 물을 충분히 섭취하여 살려고 애쓸 때만큼 거의 높지 않다. 그리고 우리가 어떤 것을 더 많이 가질수록, 또 하나 사용하는 만족은 더 적은 편이다. 사실상, 어떤 것의 각 단위는 우리가 마지막 (한계) 단위에서 얻을 수 있는 만족에서 평가된다. 그래서 어떤 상황에서든, 만약 우리가 석 잔의 물을 가지고 있다면, 우리는 그것들 각각을 우리가 단지 두 잔만 가지고 있는 경우보다 덜 평가한다. 그러나 우리가 넉 잔을 가지고 있었던 경우보다 더 평가한다. 왜냐하면 어떤 한 잔이든 우리에 대한 가치는 그것이 주는 만족─가장 낮고 한계적인 가치─이기 때문이다. 그것은 우리가 어떤 것을 얼마나 많이 가지고 있으며 그런 것들이 우리에게 얼마나 중요한지─우리가 그것들로부터 무슨 만족들을 얻을 것으로 기대하는지─에 따라 우리가 다르게 행동하는 이유이다.

바꿔 말하면, 행동은 우리 머릿속에 있는 주관적인 평가들─우리의 행동들의 가능한 결과들에 관한 우리의 등급들−을 우리 마음 바깥에 존재하는 사물들과 연결한다. 행동은 측정될 수 없는 개인적인 평가들과 현실 세계 결과들 사이 다리이다. 행동을 경제학적 추론의 출발점으로서 이해함으로써, 가치가 주관적이라는 사실은 재화와 서비스의 생산과 기타 경제 현상들을 이해하는 데 아무런 문제를 제기하지 않는다. 우리는 사람들이 무엇을 혹은 왜 소중히 여기는지 알 필요가 없고, 단지 그들이 소중히 여긴다는 점만 알면 된다. 그리고 그들이 그에 따라 행동한다는 점을 알면 된다.

모든 경제 현상−자원 배분, 시장 가격, 경기 순환−은 인간 행동들의 결과들인데, 인간 행동들이 항상 목적이 있고 절약한다는 점을 우리는 안다. 그러므로 경제학의 과제는 경제와 그것이 수반하는 모든 것을 궁극적인 원인, 즉 행동의 시각에서 이해하는 것이다.

3 경제학을 하는 방법

경제학은 "이데올로기적(ideological)"이라고—*자유 시장들을 촉진한다*고—종종 비난받는다. 이것은 오해다.

경제학에서 자유 시장은 모형—분석 도구—이다. 그것은 복잡한 상황들과 영향력들을 배제하고, 우리가 그것들을 *단독*으로 연구할 수 있게 하는데, 핵심 경제 현상들이 다른 효과들과 혼동되지 않도록 하기 위해서다. 경제학에서, 우리는 경제적 힘들의 본질과 관계들을 이해하는 데 관심이 있다. 바꿔 말하면, 우리는 사람들의 행동과 그러므로 경제 결과들에 영향을 미치는, 규제 같은, 경제를 방해하는 것들을 배제한다. 그 결과는 오직 경제적 힘들만 작용하고 있는 경제—"자유 시장(free market)"—이다.

자유 시장 모형은 물리학에서 자유 낙하하는 물체들을 연구하는 것과 똑같은 목적에 이바지한다. 자유 낙하 모형은 중력의 효과들을 연구하기 위해 공기 저항 같은 것들을 배제한다. 중력을, 역시 물체들에 영향을 미치기도 하고 중력의 효과를 증감시킬지 모르는, 다른 힘들로부터 분리하지 않고 중력을 연구하는 것은 가능하지 않을 것이다. 경제학도 똑같은 식으로 방해받지 않는 혹은 자유로운 시장 모형을 사용한다: 그것은 다른 것들의 영향력 없이 경제적 힘들을 연구하는 것이다. 우리가 경제에 대한 영향력들을 연구할 수 있기 전에 우리는 경제 그 자체가 어떻게 작동하는지 알아야 한다.

물리학이 자유 낙하를 홍보하는 만큼 경제학도 자유 시장들을 홍보하고 옹호한다. 경제학적 추론은 자유 시장 모형 없이 지낼 수 없다.

교환의 의미

경제학은 경제학적 추론-왜/왜 아닌지 그리고 언제/ 언제 아닌지를 알아내기 위한 논리의 사용-에 의지한다. 그것은 우리가 보는 것을 우리가 이해하고 기초가 되는 경제 과정들을 밝히는 방법이다. 두 개인, 애덤(Adam)과 베스(Beth) 사이 기본적인 교환 관계의 예를 가지고 설명해 보자.

애덤이 베스에게 사과 한 개를 제공하고 대가로 베스가 애덤에게 한 쿼트(quart; ¼갤런, 약 1.14리터)의 우유를 준다고 하자. 우리가 이 교환을 분석할 수 있는 두 가지 방법이 있다. 하나는 현실 생활에서 교환을 관찰하고 교환 전, 동안, 그리고 후에 "객관적인(objective)," 즉 관찰할 수 있는 자료를 수집함으로써 그것을 경험적으로 연구하는 것이다. 이 자료를 사용하여, 우리는 그다음 무엇이 일어났는지를 서술하고 설명을 찾을 수 있다.

경제학적 추론을 위해 교환의 의미를 이해하는 데 이 방법이 얼마나 부적합한지 알기 위해 세목에 들어갈 필요도 없다. 경험적 교환을 자세히 연구하는 것으로조차도, 우리는 사과가 *왜* 애덤의 소유에서 베스의 소유로 이동했는지, 우유가 왜 반대 방향으로 움직였는지, 혹은 그 두 이전이 서로 관련되어 있는지조차도 밝힐 수 없을 것이다. 관찰할 수 있는 자료에는 아무 의미가 없다; 그것들은 누가 무엇을 언제 소유하고 있는지에 관한 적나라한 관찰 가능 사실들 외에는 아무것도 우리에게 이야기해 줄 수 없다. 엄격하게 말하면, 자료는 우리에게 *교환*이 있었다는 점조차도 말해 줄 수 없다.

경제학은 "애덤이 사과 한 개를 가지고 있고 베스가 우유를 가지고 있다,"와 1분 후에 "베스가 그 사과를 가지고 있고 애덤이 그 우유를 가지고 있다," 같은 서술을 제공하는 것 이상에 관한 것이다. 그것은 이것이 교환이었다는 점을 이해하는 것에 관한 것이고 교환하는 것이 참가 당사자들에게 무엇을 의미하는지에 관한 것이다. 우리는 그것이 무언가를 의미함이 틀림없다는 점을 아는데, 왜냐하면 그들이 그것을 하기로 *선택했기*(chose) 때문이다. 교환은 그저 일정 외부적 자극들의 결과만이 아니었다. 교환은 자동적이지 않다.

그러나 이것을 연구하기 위해, 우리는 애덤과 베스가 하고 있는 일에 관한 우리의 이해(理解)로부터 추론해야 한다. 바꿔 말하면, 우리는 - 소위 선험적 이해(a priori understanding)를 사용해서 - 그들 둘 다가 사실상 *행동하고* 있고 그러므로 그들이 무언가를 달성하려고 하고 있다는 점을 인식한다. 인간 행동은, 루트비히 폰 미제스가 우리에게 상기시키듯이, 목적 있는 행위이다.

이 이해로써, 우리는 이것이 사실상 교환이라는 점을 쉽게 알 수 있다: 애덤은 자기 사과를 베스의 우유와 거래했다. 애덤과 베스가 재화들을 교환했기 때문에, 우리는 또한 - 그들 중 한 사람이라도 강제되거나 사기당하지 않았다면 - 그들 양쪽 다 자기가 교환으로 받은 것에 대해 상태가 더 나을 것으로 기대했다는 점을 알기도 한다. 그래서, 애덤이 그 우유를 그 사과보다 더 높이 평가하고 베스가 그 사과를 그 우유보다 더 높이 평가하기 *때문에* 그들은 교환했다.

   이 결론은 명백한 것 같을지 모르고, 그것은 그래야 한다: 우리는 모두 우리가 더 크게 가치 있을 것으로 기대하는 어떤 목적을 달성하기 위한 목적 있는 시도(purposeful undertaking)로서의 인간 행동에 관해 이런 기본적인 이해를 하고 있다. 우리는 행동하는데, 왜냐하면 우리가 어떤 변화를 원하기 때문이고 우리가 그 변화가 어떤 의미에서 더 나을 것으로 생각하기 때문이다.

   이런 기본적인 이해에 기초해서, 우리는 애덤과 베스가 하는 교환의 뜻을 이해한다. 우리가 그들의 평가에 동의하지 않을지 모르지만, 우리는 동의할 필요가 없다. 우리는 여전히 자발적인 교환이 당사자들의 "욕망의 이중 일치(double coincidence of wants)"에 기초해야 한다는 점─애덤과 베스 양쪽 다 그 교환으로부터 상태가 더 나아질 것을 기대했다는 점(그렇지 않았더라면 그들이 그것을 하기로 선택하지 않았을 것이다)─을 이해한다.

가격과 가치

우리의 예에서, 애덤과 베스는 자기들의 경제 교환에서 방해받지 않았다─자유 시장 거래였다. 그것은 고도로 단순화된 예이지만, 단순화는 문제가 아니다. 그것은 장점인데, 왜냐하면 그것은 우리가 핵심 과정들과 메커니즘들을 식별할 수 있게 하기 때문이다. 우리는 교환 예를 규제, 면허 요건, 법적 정의(定義), 보건 지시, 세금, 기타 등등으로 복잡하게 함으로써 어떤 추가적인 이해도 얻지 못했을 것이다. 그런 것들을 포함하는 것은 실제로 진행되고 있는 것을 알아내는 것을 사실상 더 어렵게 했을 것이다. 애덤과 베스의 의사 결정에 영향을 미칠 수 있었을 너무 많은 것이 관련되어 있었을 것이다.

그래서 우리가 교환 그 자체의 의미를 알 수 있도록 그 교환을 복잡한 요소들 없이 그저 하나의 교환만으로서 연구하는 것이 이치에 맞는다. 이것은 또한 더 많은 요소가 결과를 어떻게 변화시키는지 알고 그 요소들이 어떻게 교환에 관련이 있거나 영향을 미치는지 알기 위해 우리가 그것들을 추가할 수 있다는 점을 의미하기도 한다. 우리는 차근차근 이것을 하는데, 핵심에서 출발해서 그다음 추가적인 요소들을 보탠다. 만약 우리가 교환 자체를 이해하지 못한다면, 우리는 또한 다른 것들이 그것에 어떻게 영향을 미치는지도 이해할 수 없다.

어쩌면 베스는, 애덤이 그의 과수원에서 재배하는 사과들을 정말 좋아하는, 낙농가일 것이고 단 한 개의 사과를 얻기 위해 완전히 한 갤런의 우유까지 기꺼이 줄 것이다. 아마도 그녀는 애덤의 사과들이 그렇게 좋다고 생각할 것이다. 그러므로 한 쿼트를 "지급하는 것(paying)"은 그녀에게는 대단한 거래이다. 그녀가 그 교환에 만족스러운 것은 놀랍지도 않다!

그러나 똑같은 것이 또한 반대로도 사실이다. 우리는 애덤도 역시 한 쿼트를 좋은 "가격(price)"으로 여겨서 그다음 교환을 거친다고 결론지어야 한다. 그는 한 쿼트의 베스의 우유를 사과 한 개보다 더 높이 평가한다. 만약 그가 그렇게 하지 않는다면, 교환은 일어나지 않을 것이다. 그래서 애덤이 그 사과에 대해 더 많은 우유를―네 배만큼 많이―받을 수 있었을 것이라는 점이 사실이지만, 그가 얻는 그 쿼트는 그 교환을 가치 있게 만든다. 아마도 그는 한 쿼트의 우유에 대해 사과 두 개를 기꺼이 지급했었을 것이다. 그렇다면 단지 한 개의 사과만 지급하는 것은 그의 개인적 평가의 시각에서 여전히 좋은 거래이다.

그러나 우리는 애덤과 베스의 실제 평가를 알 필요가 없다. 사실상, 그들은 이것을 자신도 알 필요가 없을 것이다. 중요한 전부는 그들 양쪽 다 그 교환을 "가치가 있다(worth it),"고 여긴다는 점이다. 그들이 지급하는 "가격(price)"은 그들이 대가로 얻는 것에 관한 그들의 평가보다 더 높지 않을 것이다. 예를 들면, 만약 애덤이 사과 한 개의 대가로 다섯 쿼트의 우유 아래로 어떤 것도 받아들이지 않으려고 했었더라면, 교환이 없었을 것이다. 왜냐하면 그것은 베스에게 가치가 없을 것이기 때문이다.

명백한 것 같은가? 그렇다[명백하다], 그러나 우리는 교환이 일어나기 위해서 사실이어야 하는 것을 상술(詳述)함으로써 많이 배웠다. 우리는 교환의 필요조건들(양 당사자는 그것으로부터 이득을 얻을 것을 기대하여야 한다, 그들 각각이 지급하는 "가격"은 그들이 대가로 얻는 것에 관한 그들 각자의 평가보다 더 높을 수 없다)을 확립했고, 서로 이득이 되어야 하는 자발적인 교환과 (도둑질 같은) 비자발적인 이전 사이를 구별했다. 우리가 후자를 상술하지는 않았지만, 어느 당사자도, 혹은 양 당사자 다, 강제되지 않는다면 자기들에게 이익이 되지 않는 교환을 거치지 않을 것이라는 점을 쉽게 알 수 있다. 혹은 그들이 어떻게든지 하여 속아 빼앗기거나 사기가 관련되어 있지 않다면.

가격 기구

배를 재배하는, 세 번째 사람, 찰리(Charlie)를 추가해 보자. 베스는 이 아주 맛있는 신품을 좋아해서 한 바구니 가득 배를 얻고 기꺼이 자기 우유 전부를 준다. 그것은 열다섯 개 배에 대해 세 갤런(열두 쿼트) [우유]이다. 그다음에 애덤이 도착해서 베스와 어제의 교환을 반복하려고 하지만, 베스는 이미 우유가 없다. 다음 날, 애덤은 찰리가 우유 전부를 얻기 전에 그것을 "살(buy)" 기회를 얻기 위해 베스를 더 일찍 방문한다. 베스는 사과보다 찰리의 배를 더 좋아하지만, 애덤은 자기가 베스에게 한 쿼트의 우유에 대해 *두 개의* 사과를 기꺼이 제공하겠다고 말한다. 그녀의 우유가 이제는 전의 두 배만큼 많은 사과를 사므로, 그녀는 그것을 고려한다.

  이 간단한 예는 *가격 기구*(price mechanism)가 어떻게 작동하는지에 대해 지금 통찰력을 제공하고 있다. 가격들은 교환율들이다. 그것들은 무작위로 결정되는 것이 아니라, 서로 다른 재화에 대한 사람들의 등급 짓기로 결정된다. 우리는 가격들이 결국에는 될지 모르는 곳에 한계가 있다는 점을 알 수 있다. 베스의 한계는 사과 당 한 갤런의 우유다. 그녀는 더 많이 지급하는 것이 가치 있을 것으로 생각하지 않는다. 그러나 배들과 교환될 새로운 기회로 인해, 베스는 사과를 한 쿼터의 우유 가격에서조차도 살 가치가 있는 것으로 여기지 않는다. 이것은 그녀가 어제 단지 배들만 샀다는 점으로부터 명백하다. 그녀의 사과 평가가 바뀌지 않았을지 모르지만, 그녀는 자기가 배들에 대해 얻을 수 있는 거래를 더 높이 평가한다. 우리의 구매 결정들은 그러한 가치 비교들에 기초한다. 그것들은 상대적이다: 우리는 우리가 가장 소중히 여기는 것을 추구하고, 우리가 지급하는 가격들은 우리가 얻는 것과 우리가 지급으로서 제공하는 것에 관한 우리의 평가로 제한된다.

애덤, 베스, 그리고 찰리의 현재 평가가 주어지면, 사과, 우유, 그리고 배 사이 자유 시장 교환율들(가격들)이 무엇이 될지 확립하는 데 이 예를 사용할 수 있다. 베스에게는, 한 쿼트의 우유와 사과 한 개를 교환하는 것은 가치가 있다. 그러나 만약 그녀가 한 갤런의 우유에 대해 배 다섯 개를 얻을 수 있다면—그것은 그녀에게 더 나은 거래다—그렇지 않다. 애덤은 지금 각 쿼트의 우유에 대해 사과 두 개를 부르고 있는데, 베스는 그것을 고려하고 있다. 만약 그녀가 그 거래를 받아들인다면, 베스는 배를 사과 한 개와 두 개 사이 어딘가로 평가하는 것으로 생각될 것이다. 우리는 이것보다 더 정밀할 수는 없는데, 설사 우리가 사과와 배에 대한 베스의 기호가 바뀌지 않는다고 가정한다고 할지라도 그렇다. 우리가 할 수 있는 것은 시간에 걸쳐 교환율들을 기록하는 것이다. 첫째 날에는 사과 한 개가 한 쿼트의 우유에 교환되고, 둘째 날에는 다섯 개 배가 한 갤런의 우유와 교환되며, 셋째 날에는 두 개의 사과가 한 쿼트의 우유와 교환되는 것 같다. 그러나 우리는 세 사람 평가의 한계에 관해 아무것도 관찰하지 못했고 알지도 못한다. 혹은 그것들[평가들]이 시간에 걸쳐서 어떻게 변할 수 있었을지에 관해서도.

이것은 가격들의 논리이다. 더 많은 사람과 더 많은 재화를 추가하라, 그러면 모든 사람과 모든 것을 추적하는 것이 더 어려울 것이다. 그러나 메커니즘은 똑같다. 가격들은 교환율들이다. 이것은 설사 모든 사람이 재화 중 하나를 공통 교환 수단, 예를 들어, 화폐로서 사용하기 시작한다고 할지라도 사실이다. 만약 모든 사람이 재화들의 가격들을 그것들을 사는 데 얼마나 많은 우유가 필요한지의 면에서 언급하기 시작하면, 가격들을 비교하는 것이 훨씬 더 쉬워질 것이다. 그러나 가격들은 여전히 교환율들이고 교환들은 여전히 서로의 이득을 위한 것이다.

단계적 방법

실제로 우리가 애덤, 베스, 그리고 찰리의 예에서 얻는 모든 중요한 정보는 관찰이 아니라 인간 행동에 관한 우리의 사전(事前) 이해에 기초하였다. 우리는 우리가 소중히 여기는 어떤 것을 달성하기 위해 우리가 행동한다는 점과 우리가 다른 사람들과 서로 이익이 되기 위해 교환에 종사한다는 점을 이해하기 때문에, 우리는 애덤의, 베스의, 그리고 찰리의 교환들이 지닌 의미와 그것들이 결정하는 교환율들을 밝힐 수 있다. 그저 누가 무엇을 언제 가지고 있는지 관찰하는 것만은, 그리고 어쩌면 교환의 "역학(mechanics)"은, 진행되고 있는 것을 이해하는 데 충분하지 않다. 마찬가지로, 전반적으로 경제에서, 우리가 두 가지 관찰을 하고 그것들 사이에 차이를 일으켰던 과정들을 알은척할 수 없다. 우리는 실제 무슨 일이 진행되고 있었는지 밝히기 위해 행동의 논리를 통해 나아가야 한다.

앞으로 건너뛰어서 화폐 경제의 예를 고찰해 보자(우리는 제6장에서 화폐를 논할 것이다). 화폐는 일정 구매력을 가지고 있다: 우리는 서로 다른 유형의 재화를 사는 데 특정 금액이 필요하다. 과거와 현재 양쪽 다의 많은 경제학자는 화폐의 공급이(얼마나 많은 화폐가 이용될 수 있는가가) 재화들의 가격에 영향을 미친다고 올바르게 주장할 것이다. 새 화폐가 창출됨에 따라 똑같은 수의 재화들을 사는 데 더 많은 화폐가 있고, 그래서 화폐 가격들은 올라가는 경향이 있다. 만약 살 수 있는 재화의 수가 똑같지만 대신 화폐 공급이 떨어진다면, 화폐는 얻기가 더 어렵−고 그래서 화폐 가격들은 떨어지는 경향이 있−다.

그러나 이것은 우리가 또한 화폐 공급과 재화 가격 사이에 비례적인 관계가 있다고 결론지을 수도 있다는 점을 의미하는 것은 아니다. 화폐 공급을 두 배로 하는 것은 모든 가격을 두 배로 하지는 않을 것이다. 사실상, 설사 우리가 마술적으로 하룻밤 사이에 모든 화폐를 두 배로 해서 사람들이 그다음 날 일어날 때 그들이 모든 은행 계정, 지갑, 그리고 매트리스에 있는 화폐의 양이 두 배로 되었다는 점을 발견한다고 할지라도, 우리는 여전히 모든 재화의 가격이 두 배로 될 것이라고 말할 수 없을 것이다. 왜 그렇게 말할 수 없는가? 왜냐하면 사람들은 자기들 현금의 배증(倍增)에 똑같은 방식으로나 동시에 반응하지 않기 때문이다. 새 가격들은, 옛날 가격들과 똑같이, 사람들의 행동으로 결정될 것이다.

적합한 경제학적 추론을 사용하여 우리는 시간에 걸쳐서 그리고 차례대로 일어나는 변화들을 충분히 고려하기 위해 *단계적으로*(step by step) 논리를 통해 걸어야 한다. 우리는 가격들이 공급(팔려고 얼마나 많이 내놓았는지)과 수요(사람들이 얼마나 많이 기꺼이 사는지)로 결정되는 교환율들이라는 점을 안다. 그러나 사람들이 마침 가지고 있는 현금을 두 배로 하는 것은 그들이 자기들의 똑같은 재화들의 구매를 두 배로 할 것이라는 점을 의미하지 않는다. 대신, 그들은 이용할 수 있는 다른 재화들에 비해 자기들의 욕망을 최상으로 만족시키는 재화들을 사도록 항상 행동할 것이다.

다르게 표현하면, 설사 사람들이 자기들의 현금이 두 배로 되기 전에 두 파운드의 버터를 샀다고 하더라도, 우리가 그들이 *네*파운드의 버터를 살 것이라고 기대할 이유가 없다. 그들의 욕망을 세 번째와 네 번째 파운드의 버터보다 더 충족시켜 줄 다른 재화들이 더 있을 것 같고 그래서 그들은 대신 그것들을 사도록 행동할 것이다. 결국, 그들은 전에 세 번째 파운드의 버터를 사지 않았던 이유가 있다. 어떤 상황에서든, 우리가 알았듯이, 개인들은 자기들에게 가장 크게 가치 있다고 그들이 여기는 무슨 목적이든 추구할 것이다.

마치 위 예에서 베스가 사과들보다 배들을 선택했고 그다음 애덤이 그녀에게 더 나은 거래를 제의했을 때 배들보다 사과들을 선택한 것과 같다. 더 많은 현금을 가지고 잠에서 깨는 사람들은 자기들을 가장 낫게 만들 것이라고 그들이 생각하는 무슨 구매들이든 추구할 것이다. 어떤 사람들은 그저 똑같은 것을 더 많이 사기만 하기로 선택할지 모른다; 다른 사람들은 자기들이 보통 사는 것에 추가하여 다른 것들을 사기로 선택할지 모른다; 또 다른 사람들은 전적으로 다른 것들을 살 것이다. 이것은 팔려고 내놓은 특정 재화들의 수요가 서로 다른 방식으로 바뀔 것이라는 점을 의미한다: 어떤 재화들은 수요 증가를 경험할 것이고, 어떤 것들은 감소를 경험할 것이며, 다른 것들은 전혀 혹은 거의 변화를 경험하지 않을지 모른다. 이것은 그것들의 시장 가격을 바꾼다. 수요 증가는 어떤 재화들의 가격을 오르게 할 것이고 그 반대도 마찬가지다.

개인들은 항상 동시에 행동하지는 않는다: 어떤 사람들은 더 일찍 그리고 가격들이 조정되어버렸기 전에 행동할 것인데, 이것은 그들의 구매력이, 재화들의 가격을 고려하면, 사실상 두 배로 되었다는 점을 의미한다. 그들의 실제 구매들(그들의 수요)은 그들이 사는 재화들의 가격에 영향을 미칠 것인데, 이것은 더 늦게 행동하는 사람들이 *더 이른 행위자들이 사기로 선택한 재화들에 대해* 더 높은 가격에 직면할지 모른다는 점을 의미한다. 가격들은 사람들의 행동으로 결정되지, 수학 공식으로 결정되지 않는다.

  위의 사람들이 일찍 행동했지만, 자기들의 여분 화폐로 다른 두 파운드 버터를 사지 않았다고 상상해 보자. 대신, 그들은 그것을 캔디에 쓴다. 이것은 늦게 행동하는 사람들이 이 캔디를 사기를 원할 때 그것이 이미 팔렸다는 점을 의미한다. 팔려고 남겨 둔 무슨 캔디든 더 부족하여 타산적인 상점 주인은 이 갑작스러운 수요 증가를 이용하기 위해 가격을 올릴지 모른다. 그 결과, 더 늦은 행위자들이 더 이른 행위자들과 다른 가격 상황에 직면하여, 어떤 가격들은 더 높고 다른 가격들은 그렇지 않을 것―이며 어떤 것들은 어쩌면 그것들이 그렇지 않았더라면 낮았을 것보다 더 낮을 것―이다. 그들의 행동은 그들이 직면하는 특정 교환에 달려 있을 것이지만, 모든 가격이 결국 그것들이 전날 그랬던 것의 정확하게 두 배가 되도록 사람들의 행동들이 전반적으로 신비롭게 균형이 잡힐 것이라고 가정할 이유가 없다. 우리가 결론지을 수 있는 것은, 더 많은 화폐가 있지만 더 많은 재화가 없기 때문에, 가격들이 전반적으로 올라가는 경향이 있을 것이라는 점이다. 그러나 모든 재화의 가격은 화폐 공급에 비례해서 오르지는 않을 것이다.

  이 단계적 분석은 화폐량을 두 배로 하는 것이 모든 가격을 두 배로

할 것이라는 흔한 결론이 너무 이르고 근거가 없다는 점을 드러낸다. 가격들은 균등하지 않게 그리고 서로 다른 때에 적응된다. 결과적으로, 화폐가 경제에서 "중립적(neutral)"이라고 말하는 것은 잘못일 것이다. 마법의 화폐조차도 중립적이지 않다.

사회 과학으로서의 경제학

경제학적 추론의 단계적 방식은 경제학 같은 사회 과학들과 화학이나 지질학 같은 자연 과학들 사이에 주요 차이점을 강조한다. 우리는 사회 현상들을 이해하기 위해 그저 관찰과 측정에 의지할 수만 없고, 우리는 또한 정태 분석이나 집계치들에 의지할 수도 없다. 경제를 *과정*(process) -진화하는 복잡한 적응 체제-*으로서* 보는 것이 필요하고, 과정들과 그것들이 시간에 걸쳐서 영향을 미칠 때의 실질 효과들을 밝히기 위해 논리를 통해 단계적으로 걷는 것이 필요하다.

 이것은 사회 과학들에서 이론이 자연 과학들에서 그것의 사용과 다른 특정 역할과 의미를 가지고 있다는 점을 의미한다. 이론은 관찰에 *앞서*(prior)고 우리가 보고 있는 것의 뜻을 우리가 이해할 수 있게 해 주지, 반대 방향이 아니다. 이론은 기초가 되는 과정들을 밝힘으로써 우리가 보고 있는 것을 *이해할*(understand) 틀을 우리에게 제공하지만, 그것은 정확한 결과들을 예측하는 데 사용될 수 없다. 자연 과학들에서와 같이 예측하기 위해서는, 우리는 사람들의 실제의 주관적인 평가를 알고, 그들이 보는 것과 그들이 자기들의 상황을 이해하는 방법을 알 필요가 있을 것이다. 그러나 이 어느 것도 관찰자로서 우리에게 이용될 수 없다.

그 결과, 사회 과학과, 그러므로, 경제학은 필연적으로 자연 과학들과 다른 의미에서 이론적이다. 이론은 인간 행동에서 논리적으로 도출될 수 있는 것을 포함한다—그것은 행동하는 것이 무엇을 의미하는지에 관한 우리의 이해에 기초한 모든 사회 현상에 관한 우리의 설명이다. 결국, 모든 사회 현상은 이것을 공통으로 가지고 있다: 그것들이 사람들 행동들의 결과라는 점을.

이것은 사회 과학들에서 이론이 자연 과학들에서 이론보다 범위가 더 제한되어 있다는 점을 의미하지만, 그것은 또한 훨씬 더 높은 표준을 충족시키기도 한다: 사회 과학 이론은, 그저 아직 반증 되지 않은 가설만이 아니라, *진실하다*(true).

제2부
시장

4 과정이지, 공장이 아니다

경제에서 진행되고 있는 것을 우리가 이해하는 것을 돕기 위해, 중요한 것은 상점 선반들 위에 있는 재화들의 유형들과 수가 아니다. 중요한 것은 그것들이 왜 그리고 어떻게 거기에 도달했는지이다.

   이 질문에 답하는 것은 그것들이 지난주에 트럭으로 도달했다는 점을 지적하는 문제만이 아닌데, 왜냐하면 그 점은 우리에게 그것들이 어떻게 상점에 운송되었는지에 관해서만 이야기하기 때문이다. 이것은 그것들이 이용될 수 있게 하기 위해 일어나야 했던 모든 단계에 관해 우리에게 아무것도 이야기하지 않는다. 그리고 상점에서 사도록 재화가 이용될 수 있기 전에 일어나는 많은 일이 있다. 당신이 상점 선반에서 보는 모든 재화는 최초에 누군가에 의해 생각되었다: 그것은 설계되고 그다음 생산되었다. 생산 과정이 개발되었고, 그것의 모든 운영과 필요한 기계들과 도구들이 설계, 제작되었으며, 그다음 그 과정이 감독이 되고 관리되었다. 누군가가 어떻게 최선으로 시장에서 거래하고 그 재화를 그 상점에 팔며 물류의 문제들을 해결할지에 관해 생각해야만 했다. 그리고 누군가가 그 전체에 자금 조달해야 했다.

   바꿔 말하면, 우리가 당연하게 여기는 모든 것을 포함하여, 우리가 우리 주위에서 보는 모든 것을 이해하기 위해서, 우리는 경제가 상태가 아니라 *과정*(process)이라는 점을 인식해야 한다. 경제의 순간 촬영 사진(snapshot)을 보는 것은 그것이 어떻게 작동하는지에 관해 우리에게 −이야기해 준다고 할지라도− 거의 이야기해 주지 못하고 대신 우리를 오도할 수 있으며 우리가 결론들로 비약하게 할 수 있다. 과정을 인식하지 않고는, 특정 상황이 비효율적이라거나, 잘못되었다거나, 불공정하다고 쉽게 결론지을 수 있고 또한 그것을 개선하는 것이나, 잘못된 것을 바로잡는 것이나, 덜 불공정한 결과를 계산하는 것이 쉽다고 쉽게 생각할 수도 있다.

예를 들면, 만약 우리가 사진의 그저 일부만을 본다면, 상점 주인이 그렇게 많은 재화를 가지고 있고 다른 사람들이 전혀 가지고 있지 않은 점이 불공정해 보일 수 있다. 그러나 전체 사진을 보면, 우리는 이 재화들이 상점 주인이 사용할 것이 아니라, 소비자들에게 맡겨지는 그것들의 최종 사용으로 진행 중인 재화들일 뿐이라는 점을 깨닫는다. 상점 주인은 축적자(hoarder)가 아니−고 "경제적 권력(economic power)"을 거의 가지고 있지 않−다. 상점 주인은 그런 재화들을 소비자들이 이용할 수 있게 하는 서비스를 제공하고 있고, 그는 수입과 지출의 균형을 맞추기 위해 재화들을 살 그들[소비자들]의 의향과 능력에 의존한다. 상점이 없으면, 고객들은 어느 품목이든 대량으로 도매업자로부터 살 필요가 있을 것이다. 상점 주인은 우리에게 한 장소에 여러 재화(의 비치)라는 편의를 제공한다.

조정되는 과정

경제에는 우리가 상점 선반 위에 있는 것을 보는 어떤 재화의 생산 이

상이 있다. 그것의 생산은 다른 과정들과 생산이 존재하기 때문에 가능하다. 예를 들면, 캔디의 생산자는 그것 안에 들어 있는 설탕, 향료, 혹은 색소를 보통 생산하지 않는다; 캔디 생산자들은 자기들이 캔디를 만드는 데 사용하는 기계들을 좀체 생산하지 않는다; 자기들이 캔디를 생산하고, 포장하며, 운송을 위해 준비하는 건물도 생산하지 않는다; 자기들에게 전기를 공급하는 발전소도 생산하지 않는다. 캔디가 결국 상점 선반들에 오르기 전에 그것이 단지 한 사람만에 의해 생산된다고 말하는 것은 충분하지 않다. 사실상, 만약 이미 이용할 수 있었던 필요한 재료들의 생산자들이 이미 없었더라면 캔디 생산자들은 자기들의 캔디를 만들 수 없었을 것이다.

요약하면, 캔디 생산자는 전반적인 생산 과정에서 공백들을 메우는 훨씬 더 긴 공급 사슬(supply chain; 공급망)의 일부인데, 이것은 그것 자체로 많은 생산자와 특정 생산 과정들을 포함한다. 함께, ―종종 서로 다른 기업에 의해 수행되는― 이 과정들은 시간이 시작되었을 때[태초에] 우리가 이용할 수 있었던 "원래의 요소들(original factors)," 즉 자연과 노동력으로부터 특정 재화를 단계적으로 생산하는 매우 긴 운영 사슬을 만든다. 누군가는 사탕수수나 옥수수를 재배하기 위해 토지를 개간했다. 누군가는 운송 서비스를 제공하기로 결정했는데, 이것은 어떤 다른 사람이 이미 도로를 포장했었고 트럭을 제조했었기 때문에 가능했다. 그런 트럭들은 누군가가 이미 강철, 플라스틱, 그리고 트럭을 만드는 그 밖의 모든 것을 생산하고 있었기 때문에 제조될 수 있었다. 강철은 다른 사람들이 광산과 제련소를 운영하고 있었기 때문에 생산될 수 있었다. 만약 우리가 캔디 만드는 사람에게 캔디를 만들 수 있게 하는 모든 것을 열거해야 한다면, 그것은 긴 목록일 것이다. 캔디 공장 근로자들이 자기들의 휴식 시간에 마시는 커피 같은 작은 것들조차도 많은 나라에서 수천의 사람을 포함하는 긴 공급 사슬의 결과이다. 중요한 것은 일정 재화를 만드는 데 수반되는 모든 것을 상세히 나타내는 것이 아니라, 경제란 이 모든 것이 *함께 작용하는*(working together) 것이라는 점을 이해하는 것이다.

단지 그 캔디만 만들고 그다음 당신이 살 수 있도록 의도된 긴 계열의 재화들을 생산하는 데 많은 기업과 근로자가 필요한 것처럼 보일 것이다. 그것은 어떤 의미에서 진실이다―그것들은 모두 관련되어 있었고 그것들 모두는 그 최종재가 당신에게 이용될 수 있게 하는 데 필요했다. 그러나 물론 그 광산업자는 광산에서 캐낸 광석이, 당신이 오늘 상점에서 살 수 있는 캔디를 생산하는 기계의 한 부품으로 제련되는, 강철이 될 것이라는 점을 모른다. 커피콩 재배자는 자기 커피가, 당신이 살 것을 고려하고 있는 특별한 유형의 캔디를 만드는, 먼 나라에 있는 근로자들에게 활기를 불어넣을 것이라는 점을 몰랐다. 같은 방식으로, 상점 주인은 상점 선반들에 저장할 캔디의 공급품을 얻을 수 있기 전에 일어난 모든 단계에 관해 아무것도 알 필요가 없다.

요점은 당신이 상점에서 보는 어떤 재화든 생산하는 정교하고 복잡한 생산 과정이 어떤 특정 사람의 설계도 아니라는 점이다. 전반적인 과정은 특정 재화를 생산하는 것을 중심으로 조정되지 않는다. 아무도 이 모든 단계와 그것들의 순서를 규정하는 청사진(blueprint)이나 흐름도(flow chart)를 만들지 않았다. 아무도 결국 캔디의 생산에 사용되는 철광석을 생산하는 데 얼마나 많은 바위가 분쇄될 필요가 있는지 추정하지 않았다. 그 과정을 움직이는 것은, 재화의 창출이 아니라, 소비자로서 당신에 대한 가치의 창출이다.

경제 전체에 걸쳐서, 기업들은 재화들을 생산하고 [팔려고] 내놓음으로써 가능한 한 많은 가치를 생산하기 위해 서로 경쟁한다. 우리는 이것을 경쟁(competition), 같거나 비슷한 품목들의 생산으로 생각한다: 예를 들면, 경쟁하는 캔디 제조업자들. 그러나 그것은 매우 좁은 견해이다. 캔디 만드는 사람들은 자기들의 캔디 기계들에 사용되는 강철을 얻으려고 간접적으로 경쟁하는데, 이것은 그들이 강철을 사용하는 모든 다른 생산자들과 경쟁한다는 점을 의미한다. 설탕에 대해서도 마찬가지다. 그리고 근로자들에 대해서도. 그리고 근로자들이 마시는 커피에 대해서도 마찬가지인데, 아마도 그들 중 약간은 자기들의 커피에서 설탕을 사용하기조차 할지 모른다.

생산된 강철의 약간이 왜 캔디를 생산하는 기계들로 가는가? 이 질문에 대한 대답은 제5장에서 자세히 논의될 것이다. 지금은, 모든 기업이, 직접적으로나 간접적으로, 소비자들에게 줄 재화들을 생산하는 데 관련되어 있다는 점을 언급하는 것으로 족하다. 모든 생산이 이 목적을 가지고 있는데, 예를 들어, 강철의 생산자들이 정확하게 무슨 목적으로 자기들의 강철이 사용될 예정인지 알든 알지 못하든 그렇다. 그들은 알지 못하고 알 필요도 없다. 소비자들이 얼마나 많이 기꺼이 지급할지 결정하는 것은 생산된 그런 재화들에서 그들이 경험하는 가치이다. 그 지급은 경제 전체에 걸쳐서 기업들의 투자와 비용을 정당화하는 것이다. 결과적으로, 모든 기업이 하는 것-과 그들[기업들]이 그것을 하는 방법-을 간접적으로 조정하는 것은 그들이 소비자들에게 소중한 재화들을 제공하는 것에 이바지하고 있다는 그들의 기대이다.

계속적인 혁신

경쟁이 우리가 보는 기업들과 생산을 넘어선다는 점을 언급하는 것이 중요하다. 그렇다, 그런 기업들은 경쟁한다. 우리가 위에서 보았듯이, 그들은 똑같은 투입물들을 사려고 하고 똑같은 고객들에 팔려고 함으로써 직접적으로뿐만 아니라 간접적으로도 경쟁한다. 그러나 이것은 더 장기에서 중요한 것을 빠뜨리는 너무 제한된 경쟁 견해이다. 기업들은 기존 기업들과 경쟁할 뿐만 아니라, 아직 존재하지 않는 기업들과도 경쟁한다. 그리고 존재하는 기업들은 이미 일어난 그런 경쟁의 결과이다.

만약 이것이 이상하게 들리면, 그것은 우리가 경제를 상태−순간 촬영 사진−로서 보는 데 익숙해 있지, 과정으로서 보는 데 익숙해 있지 않기 때문이다. 오늘 존재하는 기업들은 이미 일어난 경쟁적인 제거 과정의 생존자이다. 이 기업들이 현재 사업 *중인* 이유는 그것들이 더 나았기−더 생산적이었기, 고품질의 재화를 내놓았기, 등등−때문이다. 그리고 오직 그들이 계속해서 (집합적) 경쟁자보다 더 나을 때만 그들이 사업을 계속할 것이다. 그들은 다른 생존 기업들뿐만 아니라, 아직 시작되지 않았던 기업들이나 아직도 자기들의 제품들을 개발하고 있거나 개량하고 있는 기업들도 능가할 필요가 있다. 이것은, 아직 존재하지 않고 아직 상상조차 되지 않았을지 모르지만 소비자들에게 이미 이용할 수 있는 재화들보다 더 많은 가치를 제공할 수 있을, 재화들을 생산하는 기업들을 포함한다.

새로운 재화, 생산 기법, 재료, 조직, 기타 등등의 혁신은 한 경제가 어떻게 재화들을 생산하는지 그리고 무슨 재화들이 생산되는지를 근본적으로 바꾼다. 말과 마차가 표준적인 운송 수단이었던 시대에는, 마차 제조업자 사이에 경쟁이 있었던 것과 똑같이 마구간과 운송 기업 사이에 확실히 경쟁이 있었다. 그러나 만약 우리가 단지 그런 기업들만 고찰한다면, 우리는 그것들이 어떻게 자동차 시대를 가져온 기업들에 의해 대체되고 처지게 되었는지를 전혀 설명할 수 없을 것이다. 오늘날, 수익을 내며 마차를 생산하는 기업은 거의 없다. 그 이유는 자동차들이 소비자들에게 더 큰 가치를 제공했기 때문이다.

소비자들의 시각에서 보면, *감당할 수 있는 자동차들이 있을 때까지는* 마차들이 소중한 재화였다. [그 후] 자동차들이 더 큰 가치를 제공했는데, 이것은 그것들이 말과 마차 기업들의 수익성을 서서히 해치고 궁극적으로는 파괴했던 이유이다. 이것은 때때로 "창조적 파괴(creative destruction)"라고 불리는데, 후자는 경제 발전의 핵심이 된다: 더 낡고 덜 가치 창출적인 생산이 새롭고 더 가치 창출적인 생산에 양보한다.

우리가 이 창조적 파괴가 실제적이라는 점과 그것이 기업들에 대해 [자신들이] 대체되지 않도록 자신들을 혁신하고 개혁할 끊임없는 압력을 가한다는 점을 인식할 때, 우리는 경제를 과정 이외의 어떤 것으로도 이해할 수 없다는 점을 깨닫는다. 경제들은 시간에 걸쳐 진화하고 전개된다; 그것들은 스스로를 개혁한다. 경쟁은 비슷한 것들을 생산하고 판매하는 둘 이상의 기업 사이 경쟁일 뿐만 아니라, ㅡ현재와 미래 양쪽 다의ㅡ소비자들에 더 잘 봉사할 끊임없는 압력이기도 하다. 역사는 성공적이고 영향력 있는 기업들로 가득 차 있는데, 그것들의 다수는 너무 크고 "강력하여(powerful)" 경쟁할 수 없는 것으로 여겨진다. [그러나] 그것들 대부분은 오래전에 사라졌고 잊혔는데, 왜냐하면 누군가가 소비자들에 대해 더 많은 가치를 낳는 방법을 알아냈기 때문이다.

계속적인 불확실성

비록 경제−그리고 특히 *시장* 경제−가 과정으로서 이해되는 것이 최선이라고 할지라도, 그것을 생산 과정으로서 생각하는 것은 실수일 것이다. 우리가 이것을 위에서 간단히 다루었지만, 그것은 반복하고 상세히 설명할 가치가 있다. 한 경제가 생산 과정들을 포함하지만, 그런 생산 과정들은 그 자체 선택된다: 그것들은 덜 가치 창출적인 생산의 끊임없는 제거에 살아남은 것들이다. 그런 살아남은 생산 과정의 다수는, 다음에는, 새롭고 더 가치 창출적인 것들이 시도됨에 따라 제거될 것이다.

생산 과정은 특정 투입물들로부터 특정 산출물들을 만드는 조업들로 구성되어 있다. 그것은 전형적으로, 그러나 필연적으로는 아니게, 설계되고 조직된다. 우리는 그것을 공장 안에서 일어나는 것으로 생각할 수 있다. 공장 안에서 일어나는 정확한 조업들은 시간에 걸쳐서 바뀔 수 있고 사람들과 기계들도 바뀔 수 있다. 부품 대부분은 어떤 의미에서 대체할 수 있다. 때때로 공장 자체가 다른 목적에 맞게 고쳐질 수 있지만, 그것을 공장으로 만드는 것은 똑같다: 그것은 투입물들을 산출물들로 변형한다. 공장은 일반 산출물들을 제조하지 않는다−그것은 마법의 생산 기계가 아니다. 공장은 특정 투입물들을 일정량 요구하는 설계된 생산 과정을 사용해서 명백하게 규정된 산출물들(재화들)을 생산한다.

이 어느 것도 과정으로서 경제에 적용되지 않는다! 경제의 "산출(output)"은 소비재들의 형태로서 가치이지만, 생산되는 실제 재화들은 시간에 걸쳐서 바뀐다―그리고 그것들의 해당 가치도 그렇다. 경제의 과정은 그것의 실제 생산들―생산 과정들과 생산품들―이 아니라, 소비자들에게 가장 큰 가치를 제공하는 생산품들의 끊임없는 *선택*(selection)이다. 컴퓨터들은 타자기들을 대체했고 사무실 작업 흐름에 혁명을 일으켰는데, 자동차가 소비자들에게 더 높게 평가되는 운송을 제공했기 때문에 자동차가 말과 마차를 대체한 것과 똑같다. 오늘날 거의 모든 우리의 재화와 그것들을 생산하는 과정들은 조만간 더 낫고, 더 소중한 것들로 대체될 것이다.

우리는 어느 제품들이 시도될지 그리고 하물며 어느 것들이 성공적일지 말할 수 없다. 바꿔 말하면, 생산은 항상 불확실하다. 그것은 산출물의 가치를 알 수 있기 전에 어떤 형태의 투자를 요구한다. 이 가치는 궁극적으로 재화를 사용할 때의 소비자들에 의해 경험되는데, 그것의 [그 가치의] 기대는 그들이 얼마의 가격을 기꺼이 지급할지 결정한다. 그러나 재화들이 욕망을 충족시킨다는 점으로는 충분하지 않다―그것들은, 소비자의 눈에, 이용할 수 있는 다른 재화들로부터 그가 기대하는 것보다 더 큰 정도로 그렇게 해야[욕망을 충족시켜야] 한다. 오직 그때에만 소비자는 그 재화를 살 것이다.

이용할 수 있는 재화의 수와 다양성은 기업가들과 투자자들의 상상력의 풍부함에 달려 있다. 바꿔 말하면, 새로운 소중한 재화들을 창출하기를 상상하고, 마음속에 그리며, 목표로 삼는 기업가는 경제에서 생산의 진화를 추진한다. 그러면 소비자는, 사후에, 어느 기업가들의 생산품들이 – 그리고 얼마의 가격들에 – 살 만한 충분한 가치가 있는지에 관한 판관이 된다. 바꿔 말하면, 소비자는 주권적이고, 삼으로써 그리고 사지 않음으로써, 어느 기업가들이 이윤을 벌고 어느 기업가들이 손해를 입을지 결정한다.

5 생산과 기업가 정신

우리는 왜 생산하는가? 자연이 자동으로 우리의 모든 필요와 욕망을 만족시키지 않는다는 간단한 이유 때문이다. 야생 동물, 곡물, 그리고 딸기류는 세계 인구를 부양하기에 충분하지 않다. 컴퓨터, 비행기, 그리고 병원은 나무에서 자라지 않는다.

바꿔 말하면, 우리가 이용할 수 있는 수단은 부족하다. 우리가 어떤 것에 대해 우리가 이용할 수 있는 것을 가지고 어쩌면 완수할 수 있을 것보다 더 많은 용도를 가지고 있을 때, 우리는 절약해야 한다. 즉, 우리는 선택을 하고 대체 관계를 고려할 필요가 있다. 그러면 자원들이 어떻게 사용되는지에 유의하는 것이 합리적인데, 우리가 그것들을 낭비하거나 그것들을 잘못된 것들에 사용하지 않기 위해서다.

부족을 다루는 두 가지 중요한 전략이 있다. 첫째, 할당(rationing)이 있는데, 이것은 자원이 더 오래가도록 우리가 그것에 관한 우리의 사용을 제한하는 것을 의미한다. 이것은 유한한 어떠한 특정 자원에 관해서건 흔하고 적합한 전략이다. 예를 들면, 오직 한정된 물과 식량을 가지고 있 – 고 더 많은 것에 접근할 수 있는 희망이 없 – 는 누군가는 더 오래 살아 있기 위해 자기들의 마시기와 먹기를 제한하는 것으로부터 이익을 얻을 것이다. 그러나 이 전략은, 직관적이지만, 일반 사회에 대해서는, 그리고 특히, 시장들에 대해서는, 전형적으로 부적합하다.

더 나은 전략은 생산(production)인데, 이것은 *가치*(value)를 경제적으로 쓴다. 간단하게 표현하면, 생산은 우리가 이용할 수 있는 자원들을 가지고 더 많은 욕망을 만족시킬 수 있게 한다—그것은 단지 "돈(buck)"을 펼치기만 하기보다 "돈"에 대해 더 많은 "가치(bang)"를 창출한다.

부족을 극복하기 위한 생산

생산은 *더 나은 수단*(better means)을 창출함으로써 부족의 부담을 완화한다. 그것은 자연이 제공하는 것을 바꾸고, 조작하며, 개선함으로써 더 많은 가치를 창출한다. 우리가 생산에 종사하기 때문에, 우리는 그렇지 않으면 가능할 경우보다 훨씬 더 많은 욕망—과 더 높이 평가되는 욕망—을 만족시킬 수 있다.

우리가 생산에 더 능해지면, 우리가 이용할 수 있는 수단이 더 많고 더 낫다. 이것은 "경제 성장(economic growth)"이 의미하는 것이다. 경제가 더 "클수록(larger)," 그것이 더 생산적인데, 그 점은 그것이 소비자 욕망을 만족시키는 데 더 능하다는 점을 의미한다. 그것은 더 많은 가치를 창출한다.[1]

많은 사람은 빵을 공복을 채우는 소중한 수단으로 여긴다. 우리가 빵

---

[1] 이것이 물건을 창출하는 것이 아니라, 욕망을 만족시키는 것에 관한 것이라는 점을 주목하라. 더 많은 재화를 생산하는 경제가 더 적은 재화를 생산하는 경제보다 반드시 더 많은 가치를 생산하는 것이 아니다. 그것은 그저 더 낭비적일 뿐일 수 있을 것이다. 중요한 것은 생산되는 재화들의 가치이지, 그것들의 수나 규모가— 아니고 확실히 그것들을 생산하는 데 사용된 자원들의 양이—아니다. 생산은 가치를 창출하는 과정이다; 생산성은 투입 단위당 생산된 가치의 척도이다.

을 좋아하건 않건, 우리 대부분은 원맥(原麥)과 효모를 으드득으드득 깨물어서 그것을 물과 함께 넘기는 것보다 빵을 더 만족스럽게 여긴다. 그러므로 우리는 밀가루와 효모를 혼합시켜서 그것을 빵으로 만든다: 빵의 추가적인 가치는 그것의 생산을 정당화한다. 설사 그것이 우리가 추가적인 자원들−오븐, 전기, 전력−을 사용하고 가루 반죽이 부풀고 그다음 구워지는 것을 기다려야 한다는 점을 의미한다고 할지라도 우리는 가치를 얻는다.

   결론들로 비약해서, 추가적인 자원들이 빵을 만드는 데 사용되었기 때문에 빵이 재료들보다 더 가치가 있다고 가정하기가 쉽다. 이것은 허위다. 그것은 반대 방향으로이다: 빵이 우리에게 더 큰 만족을 줄 것으로 우리가 기대하기 때문에 우리는 자원들−재료, 인력, 시간−을 투자하기로 선택한다. 빵을 만드는 데 필요한 지식과 전문 지식을 포함하여, 자원들을 빵을 만드는 데 바침으로써 가치를 생산하는 경제의 능력이 증대한다. 투자는 우리를 상태가 더 낫게 하는데, 우리가 빵을 얻을 뿐만 아니라, 우리가 빵을 굽는 능력도 얻기 때문이다. 빵이 소중한 재화이고 그것을 구울 능력이 유지되는 한, 투자는 더 많은 가치를 창출한다.

   투자를 추구할 가치가 있게 만드는 것은 빵의 기대 가치이다. 만약 어떤 것이 우리가 그것을 생산하는 데 더 많은 자원을 사용하기 때문에 더 가치가 있다는 점이 진실이라면, 우리는 사실상 절약하고 있지 않다. 만약 *더 많이* 사용하는 것이 재화를 더 가치 있게 만든다면 왜 더 적은 자원을 사용하는가? 그러면 우리가 더 많은 자원을 사용할수록 우리는 상태가 더 나을 것이다. 물론, 이것은 터무니없는 생각이다. 필요한 것보다 더 많은 자원을 사용하는 것이 낭비적이기 때문에, 우리는 절약한다. 만약 우리가 그런 투입물들을 낭비하는 것을 피한다면 우리는 그것들을 사용하여 더 소중한 산출물을 생산할 수 있다.

그러나 자원 사용과 가치 산출은 종종 상관관계가 있다—적어도 사후에는, 그것들이 함께 가는 것 같다. 그 이유는 기대 가치가 비용들을 정당화하기 때문이다. 바꿔 말하면, 우리가 큰 가치가 있을 것으로 기대하는 어떤 것을 생산하는 것을 목표로 삼는다면, 우리는 그것을 생산하는 데 자원들을 사용할 여유가 있다. 대조적으로, 만약 우리가 단지 한정된 가치만 있을 재화를 생산하는 것을 목표로 삼는다면, 우리는 거의 그만큼 많은 자원을 사용하는 것을 정당화할 수 없다. 비용들은 생산되고 있는 기대 가치에 기초하여 선택된다. 이것은 특제 혹은 사치품이 드물고, 비싼 재료들을 사용해서 생산되기 때문에 사기가 더 비싼 것이 아니라는—*그 재화가 사기가 더 비싸기 때문에* 그것이 드물고 비싼 재료들을 사용해서 생산되었다는—점을 의미한다. 가치가 비용을 결정하지, 반대 방향이 아니다.

이것이 거꾸로인 것 같이 들리고, 그래서 빵 만드는 것을 다시 고찰하여 설명해 보자. 빵은 소비재이고, 그래서 그것의 가치를 이해하기 쉽다: 그것은 직접 욕망을 충족시킨다—그것은 우리를 상태가 더 낫게 만드는데, 왜냐하면 그것이 공복을 채우고 맛이 좋기 때문이다. 사람들은 빵을 다르게 평가할지 모르지만, 그들은 모두 자기들에게 약간의 개인적인 만족을 제공하는 것 때문에 그것을 소중히 여긴다. 그러나 그 빵을 만드는 데 필요했던 것들에 관해서는 어떠한가? 밀가루, 효모, 물, 오븐, 그리고 전기는 소비자들이 직접 즐기지 못하고 그 최종재를 생산하는 데 사용되는 그저 수단일 뿐이다. 그것들은 빵을 만드는 것을 가능하게 함으로써 단지 간접적으로만 소비자들을 만족시킨다.

이 자원들은 가치가 있는데, 왜냐하면 그것들이 빵을 만드는 데 *이바지하기*(contribute) 때문이다. 우리가 소비자 경험에 이바지하지 않는 자원들을 추가하는 경우 우리는 이것을 쉽게 알 수 있다. 빵 굽는 사람이 자동차 엔진을 사서 그것을 빵집에 넣는 경우를 상상해 보라. 그것은 빵집에 대한 비용이다. 그러나 그것이 가치를 빵에 추가하는가? 대답은, 전혀 아니다, 이다. 그 엔진은 소비자들에 대한 빵의 가치를 증가시키지 않는다. 빵 굽는 사람이 엔진을 샀다는 그저 그 이유만으로 소비자들이 빵을 더 높이 평가하고 기꺼이 그것에 대해 더 높은 가격을 지급하지 않는다. 산출물에 정말 이바지하는 서로 다른 유형의 가루나 서로 다른 오븐에 대해서도 마찬가지다. 소비자들은, 투입물들이 아니라, 산출물을 소중히 여긴다. 만약 그들이 밀 빵과 호밀 빵을 똑같이 소중히 여긴다면, 그 빵 굽는 사람이 어느 가루를 사용하는지는 문제가 되지 않는다—그래서 더 싼 것이 더 경제적으로 쓰는 선택이 될 것이다.

만약 우리가 반대 경우를 고찰하면 우리는 쉽게 이것을 알 수 있다. 빵 굽는 사람이 있고 사람들이 이 빵 굽는 사람이 제공하는 빵을 즐긴다고 상상해 보자. 따라서, 빵은 가치를 가지고 있고 그 빵 굽는 사람이 빵을 만드는 데 사용하는 빵집과 재료도 마찬가지다. 이제 모든 사람이 갑자기 빵을 원하는 것을 멈추고, 그래서 그 빵 굽는 사람이 더는 그것을 팔 수 없다고 상상해 보자. 그의 빵 가치는 얼마인가? 0(빵)이다. 그 빵 굽는 사람이 사용하는 오븐의 가치는 얼마일까? 오븐의 가치도 역시 떨어지는데, 어쩌면 0으로 떨어질 것이다.

"어쩌면 0으로"라고 말하는 것이 중요한데, 왜냐하면 그것은 빵 오븐들이 무슨 다른 용도들로 사용될 수 있느냐에 달려 있기 때문이다. 만약 그것의 용도가 단지 빵을 만들기 위한 것뿐이라면, 그것은 더는 소중한 용도가 없다. 아무도 더는 빵을 원하지 않을 때 누군가 왜 빵 굽는 오븐을 원할까? 그들은 원하지 않을 것이고, 그래서 오븐은 쓸모없고 가치가 없다. 그러나 만약 그것의 재료(강철, 유리, 기타 등등)가 재활용되어 다른 목적들에 사용될 수 있다면 그것은 잔존 가치를 가질지 모른다. 그러면 오븐의 가치는 잔존 가치로 떨어질 것인데, 왜냐하면 그것이 이제 그것에 관해 최고로 평가되는 용도이기 때문이다.

이것은 단지 오븐의 재료에만 적용되는 것이 아니다. 만약 그 오븐이 빵을 굽는 것 외 어떤 데 사용될 수 있다면, 그것은 여전히 잔존 가치보다 더 높은 가치를 가질지 모른다. 그러나 그 가치는 떨어*질 것이다.* 왜? 왜냐하면 그것이 빵을 굽는 데 사용되고 그밖에 어떤 것에 사용되지 않았던 이유는 굽기가 더 높이 평가되는 용도였기 때문이다. 참으로, 빵 굽는 사람은 그 오븐이 가치를 창출하는 데 이바지했기 *때문에* 그것을 사거나 조립했다. 경제적으로 쓰는 것은 우리가 더 소중한 용도를 선택하는 것을 의미하는데, 왜냐하면 우리가 그 자원들로부터 더 많은 가치를 얻기 때문이다. 그러나 이것은 시간에 걸쳐 변한다. 만약 빵을 굽는 것이 더는 소중한 용도가 아니라면, 오븐의 가치는 떨어진다. 그것의 가치는 소중히 여겨지는 그밖에 어떤 것을 생산하는 데서 그것의 새로운 최상의 용도보다 더 높을 수 없다. 만약 어떤 사람이 오븐들에 대해 빵을 굽는 것보다 더 나은 용도를 생각한다면, 그 오븐은 그 사람에게는 그것이 빵 굽는 사람에게 그런 것보다 더 높은 가치가 있다. 그러면 우리는 그 사람이, 그밖에 모든 것이 같다면, 그 오븐에 관한 빵 굽는 사람의 평가보다 더 높은 가격에 그 빵 굽는 사람으로부터 그것을 사겠다고 말할 것을 기대할 것이다.

　이 간단한 예는 소위 생산 수단(means of production)이 그 자체 가치를 가지고 있지 않고 오직 그것이 소중한 소비재를 생산하는 데 어떻게 이바지하느냐의 면에서만 가치를 가지고 있다는 점을 보여준다. 모든 생산적인 자원은 *오직* 그것들이 소비자들이 원하는 재화들을 창출하는 데 이바지한다는 이유*만으로* 가치를 가지고 있다. 이것은 또한 유조선과 같이 소비재로부터 아주 먼 어떤 것에 대해서도 사실이다. 그것의 가치는 그것을 만드는 데 사용된 자원들에서 생기지 않고 그것이 어떻게 소중한 소비재 생산에 사용되고 이바지하는지에서 생긴다. 그리고, 물론, 그 유조선을 만드는 데 자원들이 사용되는데, 왜냐하면 그것이[그 유조선] 소중한 소비재들에 이바지할 것으로 기대되기 때문이다. 그 유조선이 가능하게 하는 결과의 기대 가치는 그것을[그 유조선을] 생산하는 비용을 정당화한다.

자본과 생산

직접 욕망을 충족하는, 소비를 위한 재화들을 창출하기 위해 생산 노력이 이루어지지만, 모든 생산이 소비재들의 생산이 아니다. 빵을 굽는 데 사용되는 오븐이 한 예인데, 밀가루, 이스트, 그리고 빵집의 생산이 그런 것과 같다. 오븐은 빵 생산을 *지원하기*(supporting) 위한 의도로 조립되었다. 바꿔 말하면, 오븐은 빵을 만드는 것을 더 쉽게 하(거나 적어도 쉽게 하도록 의도되었)고 따라서 우리의 생산성은 증대한다.

오직 간접적으로만 소비자 욕망을 충족시키는 이 "생산 수단"은 *자본*(capital) 혹은 *자본재*(capital goods)라 불린다. 빵을 사는 소비자는 빵 굽는 사람이 오븐을 가지고 있는지 신경 쓰지 않는다. 소비자들은 일반적으로 오직 소비재와 그것이 얼마나 잘 자기들의 욕망을 충족시키는지만 신경 쓴다 — 그것을 생산하는 과정에서 무슨 혹은 얼마나 많은 자본이 사용되었는지에 신경 쓰지 않는다.

그러나 그의 고객들이 신경 쓰지 않지만, 빵 굽는 사람은 확실히 신경 쓴다. 오븐을 가지고는, 더 적은 일로 더 많은 빵이 생산될 수 있다. 자본을 사용하는 효과는 투입의, 전형적으로 그리고 특별히 노동의, 단위당 더 많은 산출인데, 이것은 똑같은 양의 자원들을 사용하고도 더 많은 욕망이 충족될 수 있다는 점을 의미한다. 빵 굽는 사람에게는, 이것은 더 낮은 비용에 더 많은 빵을 구울 수 있다는 점을 의미한다. 자본의 목적과 그것이 사용되고 창출되는 이유는 그것이 우리의 생산성을 증대시킨다는 점이다. 우리는 투자된 투입물들에 대해 더 많은 소중한 산출을 얻는다.

생산성은 어떤 것이 얼마나 많이 생산될 수 있느냐의 문제일 뿐만 아니라 무엇이 생산될 수 있느냐의 문제이기도 하다. 참으로, *경제적*(economic) 생산성은 산출물 단위들의 기술적 척도가 아니다 — 그것은 *가치*(value) 척도이다. 자본은 일정 유형들의 재화를 생산하는 것을 가능하게 하는데, 종종 간과되지만 매우 중요한 역할이다.

다시 빵 굽는 사람으로 되돌아오자. 오븐이 없지만, 덮개가 없는 불위 하나의 편평한 바위에 가루 반죽을 놓음으로써 납작한 빵들을 굽는 것이 가능하다고 상상해 보자. 이 빵 굽는 사람은 이런 식으로 납작한 빵을 굽느라 며칠을 보낸다. 그것은 할 가치가 있는 사업인데, 왜냐하면 납작한 빵들이 소비자 욕망을 재료들 혼자보다 더 낫게 충족시키기 때문이다. 그리고 오븐들이 필요하지 않은 다른 유형들의 단순한 빵보다 납작한 빵을 선호하는 소비자들이 충분히 있다. 바꿔 말하면, 납작한 빵을 굽는 것은 그 빵 굽는 사람의 노동, 밀가루, 바위, 그리고 물의 생산적인 용도이다.

그러나 오븐은 빵 굽는 사람이 새로운 유형들의 빵을 만드는 것을 가능하게 할 것인데, 우리는 (그리고, 중요하게, 빵 굽는 사람은) 그것이 소비자들에게 더욱더 큰 가치가 있을 것으로 기대할 것이다. 그 불 위에 편평한 바위들을 배열하여, 간단한 오븐을 만들 수 있다고 가정해 보자. 바위들을 모으고 그것들을 이런 식으로 배열하는 데 투자하는 것은 그 빵 굽는 사람의 빵 굽는 노력들의 가치를 증가시킨다. 바위들은 세련되지 못한 오븐이 되지만, 빵 굽는 사람은 이제 소비자들이 납작한 빵들보다 더 높게 평가할 것으로 기대되는 다른 유형들의 빵을 생산할 수 있다.

이 특별한 방식으로 배열된 바위들은 하나의 자본재, 즉 오븐이 된다. 불 위에 바위들을 배열하는 시간과 노력을 씀으로써, 그 빵 굽는 사람은 새로운 자본을 창출했는데, 후자는 소비자들에 대한 가치를 증가시킬 것을 약속한다. 만약 사정이 결국 계획된 대로 되면, 그 결과는 증가한 가치 산물일 것이다.

우리는 종종 자본재를 내구성이 있는 것으로 생각한다. 바위들이 오랫동안 지속된다는 점이 사실이지만, 이것은 오븐이 그럴 것이라는 점을 의미하지 않는다. 사실상, 사용이 결국 그것을 닳아 없어지게 할 것이다. 오븐이 유용한 채로이기 위해서는, 깨어진 바위들을 대체하는 것 같이, 반복되는 혹은 끊이지 않는 투자가 이루어져야 한다. 만약 이것이 이루어지지 않으면, 이 자본의 유용성은 시간이 지나면 떨어질 것이고 오븐이 쓸모없게 됨에 따라 결국에는 그것의 가치를 잃을 것이다. 우리는 우리가 자본을 사용함으로써 그것을 "소비한다(consume)"라고 말한다. 이것은 모든 자본에 적용되지만 서로 다른 속도로 적용된다: 어떤 자본은 더 오래 지속되고 더 내구적이며 보수 관리가 덜 필요할지 모른다.

오븐 자체를 보수 관리하는 것에 덧붙여서, ―불이 꺼지지 않도록 하고 밀가루를 가는 것 같은― 다른 지원 투자들도 역시 자본을 유용하게 유지하기 위해서 이루어져야 한다. 전 자본 구조는 끊임없는 투자들을 요구한다. 사실상, 빵을 생산하는 데 필요한 다른 자본이 기능적으로 유지되지 않으면 그 오븐은 쓸모없다. 모든 자본재는 사용과 시간으로 품질이 떨어진다. 바꿔 말하면, 생산성을 증대하기 위해 자본이 추가되지만, 그 자체는 소비재를 생산하는 데 *소모된다*(used up). 우리는 자본을 유용하고 소중하게 유지하기 위해 끊임없는 재투자들이 필요하다.

바위들로 만들어진 오븐은 물론 도저히 우리의 현대의 오븐들만큼 효과적이지 않다. 그러나 그것은 그 빵 굽는 사람이 그 당시에 할 수 있는 최선일지 모른다. 오래 지속되고 더 효과적인 오븐을 생산하기 위해, 그 빵 굽는 사람은 아직 존재하지 않을지 모르는 강철과 선진 도구들에 접근할 필요가 있을지 모른다. 설사 그 빵 굽는 사람이 그러한 현대식 오븐이 어떻게 작동할 수 있을지 알아내었다고 할지라도, 바위를 철로,

철을 강철로 바꾸고, 그다음 그것에서 오븐을 만드는 방법을 알아내는 데 자기 시간이나 노력을 들일 가치가 없을지 모른다. 결국, 그는 빵 굽는 사람이다. 그러나 그 밖에 누군가가 그것을 할 수 있었을 것이다. 그리고 그 밖에 누군가가 했는데, 왜냐하면 오늘날 우리는 현대식, 고도로 효과적인 강철 오븐들을 정말 가지고 있기 때문이다.

현대식 오븐들은 새롭고 향상된 자본, 세련된 디자인들, 더 나은 재료들, 그리고 더 효과적인 생산 기술들에 대한 수 세기에 걸친 투자들의 결과이다. 우리는 이 길고 복잡한 역사를 당연하게 여긴다. 그러나 이 역사적인 생산 주기 때문에 결국 지금 우리의 이웃 상점들에서 이용할 수 있는 현대식 기구들이 되었다. 우리가 살 수 있는 모든 것에 대해서도 마찬가지다: 모든 재화는—소비자로서의 우리에게 욕망 충족을 제공하는 것이라는—단일 목적을 위해 창출된 정련된 자연 조각이다.

재료, 도구, 기계, 기타 등등을 창출하는 노력 모두는, 생산을 증대하고 우리가 더 많고 더 다양한 욕망을 더 효과적으로 충족시킬 수 있게 해주는, 자본 투자들이다. 함께, 이 모든 자본은 전 경제에 걸치는 생산 구조로 배열되고, 후자는 소비자 욕망을 충족시키는 많은 서로 다른 재화를 우리가 효과적으로 창출할 수 있게 해준다.

사회가 별개의 재화와 서비스를 생산할 수 있게 해주는 (바위들로부터 만드는 오븐과 불 같은) 서로 다른 결합으로 사용되는 자본의 양을 우리는 경제의 *자본 구조*(capital structure)라고 부른다. 이 구조뿐만 아니라, 그것이 포함하는 모든 것은 *창출되었다*(created). 새로운 자본의 생산이 생산 능력들을 보태거나 향상함으로써 구조를 증가시키고; 보수 관리 투자들이 기존 자본의 유용성을 확대하며; 투자 회수들과 재할당들이 자본을 다른 재화들의 생산으로 이동시켜, 구조와 따라서 경제의 생산 능력을 정련하고, 조정하며, 바꾼다. 자본 구조에 끊임없는 변화를 일으키는 이 행동들은 기업가들에 의해 수행된다.

기업가의 역할

기업가들은 우리의 미래를 창조하는 사업을 한다. 그들은 새로운 재화들을 창출함으로써 혹은 생산을 다듬고 향상함으로써 이것을 한다. 양 경우 다, 그들은 기존 자본의 사용을 바꾸거나 새로운 자본을 창출함으로써 자본 구조에 변화를 일으킨다. 양쪽 다에서 목적은 소비자들에게 더 많은 가치를 창출하는 것이다. 만약 그들이 성공하면, 기업가들은 *이윤*(profits)으로 받는다. 그러나 *시간*(time)과 *위험*(risk)이 이 과정에서 중요한 역할을 한다.

바위들에서 간단한 오븐을 만들어 내고 그리하여 소비자들에게 새로운 유형들의 빵을 제공할 수 있었던 빵 굽는 사람같이, 기업가들은 자기들이 소비자들을 더 잘 만족시킬 수 있다고 상상하고 내기한다. 이것은 그들이 사물을 바꾸는 투자를 하고, 가치 생산성을 증대함으로써 더 많은 가치를 창출하려고 시도한다는 점을 의미한다. 그들은 재화들을 생산하는데, 왜냐하면 그들은 그런 재화들이 소비자들에게 더 잘 봉사할 것이고, 그러므로, 수요가 많을 것이라고 믿기 때문이다. 그러한 투자가 성공할 때, 소비자들은 더 낮은 비용에 더 많은 가치를 얻는데, 그 일부를 기업가들은 이윤으로 간직한다. 그것이 실패할 때는, 이것은 소비자들이 기업가들이 제공하는 것을 지지하지 않는다는 점을 의미하는

데, 투자는 가치를 잃고 완전히 상실될지도 모른다.

기업가들이 직면하는 주요 문제는 생산 노력이 완성될 때까지는 그것의 가치가 알려지지 않는다는 점이다. 오직 완성된 재화가 팔릴 때만 기업가는 투자가 가치가 있었는지-소비자들이 재화를 원하는지-알게 된다. 대조적으로, 비용들은 재화가 완성되고 팔려고 내놓기 오래전에 알려지고 부담된다. 이 비용들이, 빵으로 바뀌는 밀가루, 효모, 그리고 물같이, 산출물을 만드는 투입물들뿐만 아니라, 오븐, 빵집, 기타 등등 같은 필요 자본이기도 하다는 점을 주목하라. 기업가가 실제 재화를 생산하기 전에 주문받고 지급받는 경우들조차도, 어떤 비용들은 아직 생산되지 않은 재화의 부분으로서 부담된다. 그런 비용들은 기업을 설립하고, 자본으로 실험하며, 오븐을 만드는 방법을 알아내고, 생산을 위한 조리법이나 청사진을 개발하는 것 같은 것들을 포함한다. 재화를 생산하기 위해 투자들이 이루어져야 하고, 그다음에야 재화가 팔릴 수 있다.

이 문제는 종종 *불확실성 부담*(uncertainty bearing)이라 불린다. 기업가 정신은 미래 재화를 창출하는 불확실성을 부담하는 경제적 기능이다: 그것이 가치 창출적이고 이문이 남는지 아니면 그것이 손실을 초래할지 알지 못하는 생산이다. 생산에 착수하는 것과 기업가적 투자의 불확실성을 부담하는 것을 정당화하는 것은 이윤 잠재력이다. 그런 노력들을 누그러뜨리고 기업가들이 소비자 욕망에 반응하지 않을 수 없게 하는 것은 손해를 입을 가능성이다. 그리고 기업가들은 반응해야 하는데, 왜냐하면 소비자들은 재화들을 구매하고 사용하는 자기들의 선택에서 주권적이고, 이것은 오직 소비자들만이 재화들의 가치를 결정한다는 점을 의미하기 때문이다.

어떤 재화든 그것이 사용되기 전에는 가치가 알려지지 않기—알려질 수 *없기*—때문에, 기업가들은 소비자들이 평가할 것으로 자기들이 상상하는 것에 기초하여 생산에 투자한다. 그 빵 굽는 사람이 오븐을 만들어 내었는데, 왜냐하면 그는 새로운 유형들의 빵이 소비자들에 더 잘 봉사할 것이라고 상상했기 때문이다. 더 높은 기대 가치는 오븐을 개발하고 조립하는 비용을 정당화했다. 이런 시도에 착수함으로써, 그 빵 굽는 사람은 경제에서 생산되는 그리고 생산될 수 있는 것을 바꾸었다. 참으로, 기업가들의 행동들은 경제의 자본 구조를 다듬고 조정함으로써 전반적인 생산을 지휘한다. 생산 능력을 확립하고 무슨 재화들이 생산될 수 있고 생산될지 결정할 때, 기업가 정신은 시장 과정을 *조종한다*. 생산되어 우리가 이용할 수 있는 모든 재화는, 그것들이 결국 성공적이고 이문이 남든 혹은 그렇지 않든, 기업가적 사업들—기업가들의 위험 부담—의 결과이다.

그러나 이것이 그들의 노력의 결과이고 함의이지만, 개개 기업가들은 전반적인 효율이나 사회적 선을 위해 자본 구조를 조정하는 일을 하고 있지 않다. 기업가들은 이윤을 추구하여 특정 생산 능력들에 투자한다. 그러나 소비자들이 무엇을 소중하게 여길지 알아내기가 매우 어려운데, 이것은 기업가 정신이 실패로 가득 차 있다는 점을 의미한다. 기업가들의 과업은, 소중한 어떤 것을 생산하는 것으로 충분하지 않고 그들이 가치의 면에서 서로를 능가해야 하는, 시장들에서 사실상 더욱더 어려워진다. 기업가들은 가능한 최상의 방식으로 소비자들에 봉사하기 위해 경쟁한다.

기업가들은 실수한다

미래는 예측하기 매우 어렵지만, 이것은 기업가들이 하려고 시도하는 것이다: 그들은 미래를 창조하는 데 투자하는데, 소비자들이 그것을 소중하게 여길 것이라고 기대하여서다. 그리고 그들은 다른 기업가들의 비전과 경쟁하면서 그렇게 한다. 그래서 극도로 높은 도산율이 있다는 점이 예상 밖이 아닐 것이다.

 이것은 비효율적이거나 낭비적인 것 같을지 모르지만, 그것은 그렇지 않다. 그것은 *만약 소비자들이 소중히 여기는 것이 알려져 있다면* 그럴[비효율적이거나 낭비적일] 것인데, 왜냐하면 미래에 관한 그러한 지식을 가지고는 생산이 효율을 위해 쉽게 합리화될 수 있기 때문이다. 그러나 기업가 정신은 다른 문제를 푼다. 가치는 소비자들의 마음속에 있다―그것은 미리 알려져 있지 않고, 소비자들은 욕망을 충족시키는 재화를 자기들이 사용할 때라야 그것을 경험한다.

 아주 흔히, 소비자들은 자기들의 욕망을 최상으로 충족시키는 방법을 자신이 모른다. 대신, 기업가들이, 자기들 자신의 창의력, 경험, 그리고 이해(理解)에 기초하여, 소비자들에게 봉사할 것이라고 자기들이 생각하는 재화를 상상한다. 이미 팔려고 내어놓은 재화들보다 더 큰 가치를 제공하고 그러므로 이윤을 벌 가능성을 가지기 위해서는, 기업가들은 소비자들보다 앞서 걸어서 그들에게 그들이 어쩌면 고려하지 않았을 소중한 해결책을 소개해야 한다. 헨리 포드(Henry Ford)가 말했다고 생각되듯이: "만약 내가 사람들에게 그들이 원하는 것을 물었더라면, 그들은 더 **빠른 말**이라고 말했을 것이다."[2] 참으로, 대부분 사람은 아마도 자기들이 그저 더 빠른 말을 원할 뿐이라고 생각했을 것이지만, 포드는 말 없는 4륜 마차들(buggies; 자동차들)이 소비자들에게 더 높은 가치를 제공할 것이라고 상상했－고 그는 소비자들이 살 가격들에 자동차들을 내놓을 수 있었－다.

사실은 소비자들이, 자기들이 무슨 재화를 원하는지 그들이 말할 수 있건 없건, 항상 자기들에게 내어놓은 재화 사이에서 선택한다는 점이다. 그것은 소비자들이 자기들의 주권을 행사하는 때이다: 기업가들은 소비자들이 어떤 것을 사도록 강제할 수 없고, 그들은 단지 소비자들이 소중히 여기고 그러므로 선택하는 재화들만 생산할 수 있다.

소비자의 계산법은 간단하지만, 기업가들이 예견하고 충족시키기가 어렵다. 첫째, 그 재화는 소비자가 가지고 있는 어떤 욕망을 충족함으로써 가치를 제공해야 한다. 만약 기업가가 제공하는 것이 소비자에게 아무런 가치가 없으면, 그것은 재화가 아니다.

둘째, 그 재화는 욕망을 충족시키기 위해 다른 재화들이 바로 그 욕망을 충족시키기 위해 제공하는 것보다 더 낫고 더 가치 있는 수단을 제공해야 한다. 만약 그것이 그렇게 하지 않으면, 그 재화는 그 욕망을 충족시키는 데 비효과적이고 덜 가치가 있다. 결과적으로, 기업가는 그것을 소비자에게 가치 있게 하도록 그것을 더 낮은 가격에 내어놓아야 한다.

셋째, 그 재화는 *다른* 욕망들을 충족시키기로 약속하는 재화들을 능가하는 가치를 제공해야 한다. 기업가들은 소비자들의 화폐를 얻기 위해 경쟁한다.

---

2 이 인용문은 종종 반복되고 기업가 정신과 생산에 관해 지극히 중요한 주장을 하지만, 포드가 실제로 이 말을 했는지는 의심스럽다.

넷째, 그 재화는 소비자가 자기 화폐를 붙잡고 있고 미래에 다른 어떤 것을 사기로 선택하기보다 그것을 지금 살 만큼 충분한 가치를 제공해야 한다.

기업가는 이 *모든* 소비자 평가 층에 따라 가치를 제공해야 한다.

말할 것도 없이, 기업가들은 극히 어려운 어떤 일을 하기로 시도한다. 그들은 그렇게 하는데, 왜냐하면 그들은 자기들이 결국 어떤 식으로 이윤을 얻을 것이라고 믿기 때문이다. 그러나 그들이 이윤을 얻든 얻지 않든, 가치를 창출하려는 그들의 시도는 다른 기업가들과 전반적으로 경제에 결정적인 서비스를 제공한다(우리는 제7장에서 경제 계산을 논할 것이다). 그들이 자기들 자신의 지식과 상상들-그들이 어떻게 소비자들에게 최상으로 유용하기를 예상하는가-에 기초하여 경쟁하므로, 그들은 전반적으로 경제에 대한 지식을 창출한다. 소비자들이 소중히 여기는 것에 관한 기업가들의 발견들은, 이윤으로 식별되어, 새로운 기업가들의 노력을 안내한다. 손실에 대해서도 마찬가지인데, 이것은 다른 기업가들에게 그들이 다른 어떤 것을 시도해야 한다고 제안한다. 결과적으로, 모든 시도된 기업가적 착수는 이전 기업가들의 지식과 경험을 이용할 수 있다. 이것은 기업가적 가치 생산을 누적적이게 한다: 성공들은 증대되고 미래 생산을 위한 디딤돌이 된다; 실수들은 제거된다.

그러나 실패하는 기업가들을 비방하는 것은 잘못일 것이다. 비록 그들이 성공하지 못했고 손해를 입는다고 할지라도, 그들은 작동하지 않는 것에 관한 정보를 이용할 수 있게 함으로써 경제에 매우 귀중한 서비스를 제공했다. 이것은 모든 다른 기업가를 위해 귀중한 정보이다. 기업가들이 실패함에 따라, 그들이 투자했던 자원들-자본-은 다른 기업가들이 이용할 수 있게 되는데, 이들은 그다음 자기 자신의 생산을 증가시키거나 새로운 어떤 것을 시도할 수 있다.

요컨대, *기업가들은 우리의 미래를 창조함으로써 소비자들에게 봉사한다.* 그들은 새롭고 상상된 재화들에 대한 아이디어들을 시험함으로써 그리고, 그것들의 기대 가치에 기초하여, 근로자들에게 임금을 지급하고 새로운 자본을 개발함으로써 이것을 한다. 기업가들이 자기들의 선택에서 실수할 때, 그들은 개인적으로 그런 투자들의 손실을 경험한다. 그 손실은 그들이 생산에 한 투자들의 전체, 즉 고용인들에 지급한 임금과 자본 공급자들에 지급한 가격이다.

6 가치, 화폐, 그리고 가격

지금까지, 경제에 관한 우리의 논의는 전적으로 *가치*(value)의 시각에서 왔다. 가치는 우리의 행위들의 궁극적인 목표이고 우리의 행동에 동기를 부여하는 것이다. 그것은 개인적—*주관적*(subjective)—인데, 이것은 그것이 욕망을 충족시키는 데서 온다는 점을 의미한다. 만약 우리가 배가 고프면, 우리는 식품을 소비한다; 만약 우리가 외로움을 느끼면, 우리는 친구를 방문할지 모른다.

   가치는 약간의 불안(배고픔이나 외로움)의 제거나 충족인데, 이것은 우리를 더 낫게 만든다. 우리는, 예를 들어, 우리가 오렌지를 사과보다 더 좋아하고 우리가 배를 둘 중의 어느 한쪽보다 더 좋아한다는 만족들을 비교할 수 있다. 우리 자신의 개인적 만족들의 면에서 간단한 가치 비교들은 문제가 없다. 만약 우리가 배고플 뿐만 아니라 목마르다면, 우리는 어느 불안을 먼저 제거할지를 우리가 각 불안을 얼마나 긴급히 느끼는지를 고려함으로써 빨리 결정할 수 있다. 그러나 비록 우리가 비교하여 어느 만족이 더 클지를 결정할 수 있다고 할지라도, 가치의 *단위들*(units)이 없다.

가치를 측정하는 문제

우리는 우리가 일정 행동을 취함으로써 불안을 제거한 정도를 측정할 수 없다. 이것이[일정 행동이] 가져오는 만족은 우리가 경험하는 감정인데, 이것은 단위들이나 정확한 척도들을 가지고 있지 않다. 우리는 오렌지를 사과보다 2.5배 더 좋아하고 배를 오렌지보다 1.3배 더 좋아한다고 말할 수 없다.

우리는 서로 다른 사람의 주관적 가치들을 비교할 수 없는데, 그들의 만족의 경험이 개인적이기 때문이다. 베스가 배를 좋아하는 것보다 20 퍼센트 더 애덤이 배를 좋아한다고 말하는 것은 터무니없다. 아마도 애덤은 자기가 배를 "대단히" 좋아한다고 소리칠 것이지만, 베스는 그것을 전혀 좋아하지 않을 것이다. 만약 그것이 그들이 진심으로 느끼는 방식이라면, 베스는 애덤에게 자기의 배를 주겠다고 말할지 모른다. 그러나 이것은 여전히 그들 각각이 배를 얼마나 많이 소중하게 여기는지의 측정치가 *아니고*, 그것은 어떤 보편적인 만족 단위를 사용한 비교도 아니다. 베스는 애덤에게 배를 주는 것을 소중히 여기는데, 아마도 애덤에 대한 그녀의 애정이 강하고 그가 배를 좋아한다는 점을 그녀가 알고 있기 때문일 것이다. 그러나 그것은 우리에게 베스-혹은 애덤-가 배를 간직하는 것 혹은 남에게 주는 것을 *얼마나 많이* 소중하게 여기는지에 관해 아무것도 이야기하지 않는다.

척도의 결여는 가치를 사회적 환경에서-특히 길고 전문화된 생산과정들을 가진 선진 경제들에서-문제가 있게 만든다(우리는 이것을 제7장에서 논할 것이다). 우리가 가능한 한 많은 가치를 얻도록 우리는 희소한 자원들을 어떻게 절약하는가?

예를 들어 설명하기 위해, 그들 중 마흔다섯 사람의 갈증을 해소하기에 충분한 물과 서른[의 공복]을 충족하기에 충분한 식량이 있는 150명의 작은 사회를 상상해 보자. 당신은 어느 마흔다섯이 "가장 목마르고" 어느 서른이 "가장 배고픈지"를 어떻게 결정하는가?[1]

이 사회는 생산에 투자하는 데 물과 식량을 사용하기로 결정할 수 있을 것이고, 이것은 그들에게 더욱더 많은 가치를 창출하게 허용할 수 있을 것이다. 만약 열 명에게 그들이 사흘 충당하기에 충분한 물과 식량이 제공된다면, 그들은 더 많은 물과 식량을 얻으러 갈 수 있고 그것을 다른 사람들에게 돌려줄 수 있다[고 가정해 보자]. 이 사회는 이 투자를 할까? 그들은 열 명의 한 수색대를 파견해야 할까 아니면 다섯 명씩의 두 수색대를 서로 다른 방향으로 파견해야 할까? 새로이 획득되는 물과 식량을 모으기 위해 그들은 누구를 선택해야 할까? 잔류 인구 가운데서 누가 무슨 물과 식량 잔여물이든 받아야 할까? 그러한 비교들이 어떤 가치 척도를 요구하지만, 가치가 개인적 경험이기 때문에, 가치 척도가 없다. 이 경제화 문제에 해결책이 없다.

시장들은 이 수수께끼를 화폐와 가격들을 사용함으로써 푸는데, 이것들은 객관적인 사회적 상대 평가들을 제공하고 (이 점에 관해서는 아래에서 더 다룬다) 그러므로 소중히 여겨지는 재화들의 면에서 비교들과 경제화를 고려한다. 만약 배가 우리에게 오렌지의 1.3배만큼 비용이 든다면, 우리는 가능한 최대의 만족을 얻기 위해 우리의 구매력을 사용

---

[1] 형식적으로 정확하기 위해, 우리는 누가 마시기와 먹기(각각, 갈증과 공복의 불안을 제거하기)로부터 가장 큰 만족을 경험할지 질문해야 한다.

하는 방법을 쉽게 결정할 수 있다: 배를 사거나, 오렌지를 사거나, 양쪽의 어떤 조합을 사라. 우리는 그러한 비교들을 개인적으로뿐만 아니라 집합적으로도 할 수 있다. 우리가 볼 것이듯이, 화폐와 가격들은 경제에 필수불가결하다. 우리는 그것들 없이는 기능할 수 없다.

화폐의 사용

우리는 화폐와 가격들 양쪽 다를 당연하게 여기는 경향이 있다. 그것들은 아주 보편적으로 존재하여 대부분은 화폐를 가치의 척도로 생각한다. 그들은 가치 자체를 화폐의 면에서 생각하기조차 한다. 이것은 잘못이다.

화폐는 *일반적으로 사용되는 교환 수단*(commonly used medium of exchange)이고, 그것이 이 기능을 제공하기 때문에 그것은 우리에게 가치를 가지고 있다. 우리는 화폐를 다른 재화들같이 소중하게 여기는데, 그것이 우리를 위해 할 수 있는 것 때문이다. 그러나 우리에게 가치를 제공하는 것은 지폐들과 동전들 자체가 아니고, 우리가 원하는 것을 사는 데 우리가 그것들을 사용할 수 있다는 기대이다. 이것은 우리가 화폐를 그 자격으로 인정하고 그러므로 그것을 교환에서 받아들이기 때문에 화폐가 작용한다는 점을 의미한다. 화폐는 *구매력*(purchasing power)을 가지고 있다. 화폐를 소중하게 만드는 것은 그것이 재화들을 살 수 있다는 믿음이다. 우리가 재화들을 사는 데 화폐를 사용할 수 없을 것이라고 우리가 믿는다면―아마도 우리는 다른 사람들이 그것을 받아들이지 않을 것이라고 믿을 것이다―우리도 역시 그것을 받아들이지 않을 것이다.

 이것은 사람들이 화폐를 화폐라고 여기기 때문에 그것이 화폐라는 점을 의미한다. 이런 의미에서, 화폐는 대개 자기 보강적인 사회 제도이다. 우리는 모두 그것을 사용한 경험이 있고 따라서 어떤 것이 화폐가 되는 것이 의미하는 것에 관해 약간 알고 있다. 그러나 이것은 화폐가 무엇인지, 그것이 왜 화폐인지 혹은 그것이 어떻게 화폐가 되었는지를 설명하지 않는다.

 무엇이 당신에게 어떤 것을 화폐로서 받아들이게 할지 고찰해 보자. 혹은, 실제 쟁점에 도달하기 위해: 화폐를 사용하지 않는 사회에 무엇이 어떤 것을 화폐로서 받아들이게 할지를. 화폐의 가치란 다른 사람들이 그것을 교환에서 받아들일 것이라는 점이기 때문에, 화폐가 되기를 열망하는 어떤 것도 처음에는 화폐로서 가치를 가지지 않을 것이다. 어떤 것이 교환에서 널리 채택된 후에라야 어떤 것이 화폐로서 인정될 것 -이고 그전에는 인정되지 않을 것-이다.

 이것은 많은 사람에게 화폐란 그것을 교환들에서 사용하라는 법령으로 위에서 아래로 부과되었음이 틀림없다고 주장할 마음이 들게 한다. 그 생각은 어떤 국가수반이 화폐의 개념을 고안했고 거래(혹은, 어쩌면, 세금 납부)를 쉽게 하기 위해 그것을 도입했다는 것이다. 그러나 이 "설명(explanation)"은 요점을 파악하지 못한다: 어떤 것이 이미 화폐가 아니면, 사람들은 그것을 교환에서 자발적으로 받아들이지 않을 것이다. 그래서 그것이 화폐로 여겨지기 전에는 그것은 전혀 혹은 거의 가치를 가지고 있지 않을 것이다.

 법령은 화폐를 창출하지 않는다-그것은 단지 의무만 창출하고, 후자는 그것의 시행 정도에 의해 제한된다. 그러나 정부가, 조금씩, 이미 존재하는 화폐를 인계받아 독점화할 수 있는데, 우리는 그것이 일어나는 것을 보았다. 오늘날 대부분 통화는 정부 독점 화폐이지만, 그것은 화폐가 교환 수단으로서 고안되거나 받아들여졌던 방식이 아니다 - 그것은 단지 그것이 결국 된 방식일 뿐이다. 화폐의 *경제적 기능*(economic function)은 그저 위에서 아래로 창출될 수만은 없다.

사람들은 재화들을 자기들 자신을 위해 교환하기로 선택하는데, 이것은 자발적 교환이 당사자들 서로를 위해야 한다는 점을 의미한다. 양쪽은 더 나아지게 되기를 기대하는데, 그렇지 않으면 교환하기로 선택하지 않을 것이다. - 아직 화폐로서 받아들여지지 않는 강요된 통화같이 - 자기들에게 직접적으로 소중하지 않은 어떤 것을 받아들이게 하는 의무는 사람들의 거래 의향을 크게 줄일 것이다. 결국, 만약 당신이 당신의 소유물에 대한 "보상(payment)"으로 바위들을 받아들이도록 강요당한다면, 당신은 아마도 그것을[당신의 소유물을] 판매를 위해 내놓지 않을 것이다. 설사 내가 당신에게 한 톤의 바위들을 제의한다고 할지라도, 당신은 당신의 집이나 자동차의 대가로 그것들을 받지 않을 것이다. 왜 당신이 원하지 않는 어떤 것과 소중한 재화를 교환하는가? 그래서 설사 당신이 바위들을 사용하여 당신의 세금들을 내도록 요구된다고 할지라도, 당신은 당신의 바위 거래를 그 의무를 완수하는 데로 국한할 것 - 이고 더는 하지 않을 것 - 이다. 재화들을 바위들과 교환하는 시장은 매우 제한적일 것이다.

그러한 교환들은 오직 제의되는 보상이 실제 재화일 경우에만 자진해서 일어날 것이다. 화폐가 없는 사회에서는, 사람들은 그 화폐의 구매력에 대한 신뢰를 가지고 있지 않은 것만이 아니다―그들은 그 개념 자체에 대해 이해하지 못하고 있다. 석기 시대로부터 온 사람에게 그의 도끼나 식량과 교환으로 한 더미의 달러 지폐나 금화 한 닢을 제의하는 것을 상상해 보라.

화폐의 출현

화폐는 경제적 개념이다. 달러 지폐들은 그것들 자체가 화폐가 아니지만, 화폐는 달러 지폐들의 형태로 존재할 수 있다. 그러나 그러한 지폐들은 오직 그것들이 그 자격으로 받아들여지기 때문만으로 그리고 동안만 화폐이다. 이것은 우리가 다른 나라들로 여행할 때 명백해지는데, 왜냐하면 한 나라에서 화폐인 것은 다른 나라에서는 화폐로서 받아들여지지 않을지 모르기 때문이다. 당신은 스웨덴의 크로나들(kronor)을 오스트리아나 미국에서 지급을 위해 사용할 수 없는데, 설사 스웨덴의 모든 사람이 그것들을 화폐로서 받아들인다고 할지라도 그렇다.

　우리가 화폐의 역사적 기원을 아주 거의 알지 못하지만, 그 개념은 명백하다. 경제학자 카를 멩거는 물물 교환 경제가 어떻게 화폐 경제로 이행(移行)할 수 있는지 보여주었다.[2] 멩거의 설명은 중앙 계획자나 법령을 요구하지 않는다―화폐가 *출현한다*(emerges). 이것은 중요한데, 왜냐하면 그것이 *경제적 개념*(economic concept)으로서 화폐의 의미와 역할에 대해 통찰력을 제공하기 때문이다.

---

2 Carl Menger, "On the Origin of Money," Caroline A. Foley 옮김, *Economic Journal* 2, No. 6 (June 1892): 239-55.

물물 교환 경제에서는, 사람들은 재화를 재화와 거래한다. 이 경제는 명백한 한계로 고통받는데, 왜냐하면 각 교환은, 우리가 화폐라고 부르는 어떤 것을 사용하지 않고, 양 당사자가 자기들이 원하는 어떤 것을 자기들이 원하는 양만큼 얻을 것을 요구하기 때문이다. 바꿔 말하면, 달걀을 팔려고 내어놓고 버터를 사기를 원하는 어떤 사람은 버터를 팔고 있고 교환으로 달걀을 원하는 어떤 사람을 발견할 필요가 있다. 이것은 잠재적인 거래 상대자들의 수를 크게 제한한다.

재화들이 내구성과 크기에서 서로 다르기 때문에, 물물 교환 경제들은 분업을 가진 생산적인 경제들로 발전할 수 없을 것이다. 자기가 새로이 설계한 고속 모터보트를 팔기를 원하는 보트 건조인을 고찰해 보자. 설사 그가 달걀들을 원할 것이라고 할지라도, 그는 교환으로 수천 개의 달걀을 좀체 받아들이지 않을 것이다―그것들은 단시일에 상해서 쓸모없게 될 것이다. 그래서 그는 자기가 원하는 정확한 꾸러미의 재화들을 내어놓고 보트와 상환으로 기꺼이 파는 어떤 사람을 발견할 필요가 있을 것이다. 당사자들은 또한 그 보트에 얼마나 많은 달걀? 이라는 비율들에 합의할 필요도 있을 것이다.

사람들은 더 낫게 되기 위해 재화들을 교환하는데, 즉 그들은 *가치를 얻기 위해*(for value) 거래한다. 멩거는 사람들이 물물 교환의 한계를 피할 무한히 많은 방법을 추구할 것이라고 언급했다. 만약 낙농업자가 버터 대가로 나의 달걀들을 기꺼이 받아들이지 않지만 나는 그가 빵을 받아들일 것이라고 알고 있다면, 나는 달걀들과 빵을 교환하기 위해 빵 굽는 사람에게 접근할 수 있―고 만약 그 빵 굽는 사람이 동의한다면, 그다음 나는 빵과 버터를 교환할 수 있―다. 바꿔 말하면, 내가 달걀들과 빵을 교환하는데, 내가 빵을 원하기 때문이 아니라, 내가 버터를 얻는 데 그 빵을 사용하기를 원하기 때문이다. 나의 첫 번째 교환은 두 번째 교환을 쉽게 하고, 나는 후자로부터 직접적으로 편익을 얻는다.

예를 들어, 만약 내가 딸기류를 원한다면, 만약 딸기류를 팔려고 내놓은 사람이 나의 달걀들을 원하지 않고 다른 어떤 것을 받아들일 것이라면 나는 똑같은 절차를 거쳐야 할 것이다. 나는 나의 달걀들을 팔고 그 다른 어떤 것을 얻을 것인데, 그것을 딸기류와 교환하기 위해서다. 비록 달걀들이 어떤 경우들에는 작용할지라도, 그것들이 모두에서 작용하지는 않을 것이다. 그러나 그들 중 몇몇이 빵과 교환으로 바로 그 다른 재화[달걀들]를 받아들인다고 가정해 보자. 이것을 알고서, 나는 나의 달걀들과 빵을 교환할 수 있을 것인데, 내가 다음번에 식료품점에 달려갈 때 빵이 더 유용할 것이라고 믿는다는 단지 그 때문뿐이다 멩거의 말로, 나는 나의 달걀들을 팔고 더 *잘 팔리는 재화*(saleable good)를 얻는데, 그것을 교환에서 사용하는 유일한 목적으로 그렇게 한다; 나에게 그것은 오직 실제 교환들을 쉽게 하는 간접적인 목적에만 이바지한다. 따라서 내가 빵을 얻는 것이 합리적인데, 설사 내가 그것을 좋아하지 않는다고 할지라도―그리고 설사 내가 그것에 알레르기가 있다고 할지라도―그렇다.

사람들이 자기들의 제품들을 더 잘 팔리는 재화들과 교환함에 따라, 더 잘 팔리는 재화들은 더 추구되게 되는데, *왜냐하면 그것들은 많은 재화를 사는 데 사용될 수 있기 때문이다*. 그리고 이 재화들이 교환의 촉진자로서 얼마나 유용한지를 더 많은 사람이 깨달음에 따라, 더 많은 사람이 그 더 살 팔리는 재화들을 받고 자기들 자신의 재화(나는 내 달갈들, 낙농업자는 그녀의 버터, 등등)를 판다. 결국, 사람들의 행동들로 그러나 그들의 설계에 의해서가 아니라, 하나나 소수의 재화가 일반적으로 사용되는 교환 수단－화폐－으로 출현한다. [그때는] 그것들은 주로 교환 수단으로서 소중히 여겨지지, 그 자체 재화이기 때문에 소중히 여겨지지 않는다.

화폐의 중요성

화폐 경제에서는, 우리는 재화들의 대금을 치르는 데 화폐를 사용하고 가격들을 쉽게 비교할 수 있는데, 왜냐하면 그것들이 모두 똑같은 단위 －통화－로 표현되기 때문이다. 그러나 우리가 앞 장들에서 보았듯이, 가격들은 실제로는 교환 비율들이다. 화폐는, 우리를 물물 교환 거래의 한계 위로 들어 올리는, 거래를 쉽게 하는 매개물로서 이바지한다.

화폐의 존재는 사람들이 재화들의 면에서 사는 것과 파는 것을 분리한다. 그것은 재화들의 교환 가치에서 보편적인 구매력을 만든다. 바꿔 말하면, 나는 나의 재화나 서비스를 한 사람에게 팔 수 있지만 대가로 (화폐로서) 얻은 구매력을 다른 어떤 사람으로부터 재화나 서비스를 사는 데 사용할 수 있다. 이것은 명백해 보이는데, 왜냐하면 우리가 그것에 익숙해 있기 때문이다. 그러나 함의들은 엄청나다.

물물 교환 거래 아래에서는, 고용인이 지급으로서 받아들일 특정 재화들을 고용주가 제의할 수 있는 곳에서만 고용이 가능할 것이다. 당신의 고용주들이 노동의 대가로 화폐가 아니라 대신 특정 품목들, 즉 의복, 위생용품, 책, 여행, 가구, 기타 등등으로 지급했다고 상상해 보라.

가장 바람직한 재화 꾸러미를 제의하는 고용주를 발견하는 것이 거의 불가능할 것이라는 점을 쉽게 알 수 있다. 그것은 당신이 고용을 얻기 위해 전혀 완전하지 않은 꾸러미를 받아들일 필요가 있을 것이라는 점을 의미할 것 같다. 만약 당신이 대신 그런 재화들의 교환 가치-구매력(화폐)-를 받고 그것을 당신이 선호하는 재화들을 사는 데 사용한다면 당신은 훨씬 더 잘할 수 있을 것이다.

그러므로 화폐는 편리한 도구 훨씬 이상이다-그것은 교환들이 일어나는 데 그리고 우리가 현대 경제에서 당연하게 여기는 선진, 전문적 생산 과정들에 필요하다. 대규모 생산, 공급 사슬(supply chains; 공급망), 그리고 전문화는 화폐가 구매자와 판매자 양쪽 다로서 우리의 노력들을 분리하기 때문에 가능해진다. 분리 때문에, 우리는 또한 오직 우리 자신이 소비하고 싶은 것만 생산하기보다 우리가 잘하는 것에 전문화할 수도 있다. 결과적으로, 우리는 우리의 생산 노력을 우리가 가장 큰 차이를 만드는 곳-우리가 *사회를 위해*(for society) 가장 큰 가치를 창출하는 곳-에 집중할 수 있다. 화폐가 없으면, 우리는 거의 그만큼[화폐가 있는 경우만큼] 생산적이지 못할 것이다.

분리는 또한 우리가 우리의 획득된 구매력-우리에게 생산의 대가로 지급되는 것-을 우리가 가장 소중하다고 여기는 것에 사용할 수 있다는 점도 의미한다. 화폐는 우리가 물물 교환으로는 전혀 도달하지 못할 욕망을 추구하는 것을 가능하게 한다. 화폐를 가지며 사용하는 결과는 크게 향상된 생산을 의미할 뿐만 아니라, 우리가 더 소중한 소비를 추구할 수 있다는 점도 의미한다. 전자는 후자의 기회들을 쉽게 하고 증가시킨다. 그리고 우리가 더 많은 가치를 생산할수록, 우리에게 대가로 더 많은 구매력이 지급된다.

 화폐 경제에서 모든 행위자가 자기들이 가장 소중하게 여기는 재화들을 추구할 수 있−고 다른 사람들이 높이 평가하는 재화들을 생산할 수 있−기 때문에, 전반적으로 더 많은 가치가 있다. 우리는 물물 교환 경제에서보다 화폐 경제에서 훨씬 더 낫다.

화폐 가격

화폐는 가격들을 비교하기 쉽게 한다. −각 재화가 모든 다른 재화의 면에서 "가격이 매겨지는(priced)" 곳에서−가격들을 비율들로 표현하기보다, 그것들은 화폐로 표현된다.

 물물 교환 경제에서는, 내가 버터를 사기 위해 달걀로 빵을 사는 것은 세 당사자가 교환 비율들을 확립할 것을 요구한다. 나는 한 다스 달걀을 빵 굽는 사람으로부터의 세 조각 빵과 교환할 수 있을지 모른다. 이 거래에서는, 한 조각 빵의 가격은 네 개 달걀이고 한 개 달걀 가격은 ¼ 조각 빵이다. 그다음 나는 빵을 사용하여 두 조각 빵을 주고 한 파운드 버터를 살 수 있어서, 버터의 빵 가격을 파운드당 두 조각으로 그리고 빵의 버터 가격을 조각당 반 파운드로 만든다.

 나는 양쪽 다의 거래에 당사자이고 [그래서] 한 파운드 버터의 "가격(price)"이 여덟 개 달걀이라고 추론할 수 있다. 그것은 단순화한 것인데, 왜냐하면 낙농업자는 교환에서 달걀을 받아들이지 않기 때문이다. 문제는 모든 재화의 가격들이 모든 다른 재화의 비율로서 표현된다는 점이다. 예를 들어, 만약 낙농업자가 또한 한 파운드 버터의 대가로 여덟 컵 산딸기류를 받아들이기도 한다면, 한 파운드 버터의 가격은 두 조각 빵이나 여덟 컵 산딸기류 둘 중 *하나*가 될 것이다. 그러한 비율들 (*현물*(kind) 가격들)은 어떤 가능한 교환에서든 모든 재화 조합에 대해 확립될 수 있을 것이다. 그러나 우리가 그것들을 어떻게 비교할 수 있는가? 공통분모가 없이는, 이 가격들은 모두 정직하게 하거나 뜻을 이해하기가 어려운 유일한 교환 비율들이다.

위 예에서 빵이 화폐로서 나타난다고 가정해 보자. 이것은 빵이, 교환 수단으로서 이바지하여, 거의 모든 거래의 한 쪽이 된다는 점을 의미한다. 바꿔 말하면, 모든 재화의 가격이 빵으로 표현될 수 있－는데, 왜냐하면 그것들이 빵과 거래되기 때문이－다. 그래서 나는 나의 달걀들을 팔아 빵을 얻고 빵을 버터와 산딸기류를 사는 데 사용할 것이다. 빵이 공통분모이므로, 나는 가격들을 쉽게 비교할 수 있고 나의 욕망들을 가장 잘 충족할 재화를 살 수 있다. 이제, 빵이 화폐이므로, 모든 재화 판매자는, 그들이 구매력을 원하지 빵 자체를 원하지 않기 때문에, 그것을 지급으로서 받아들일 것 같다.

만약 한 파운드 버터가 두 조각 빵의 비용이 들고 한 조각 빵이 두 컵 산딸기류를 산다면,3 내가 가격들을 비교하기는 쉽다. 나의 한 다스 달걀에 대해 나에게 지급된 세 조각 빵은 1.5파운드 버터나, 여섯 컵 산딸기류나, 혹은 어떤 다른 조합을 살 수 있다. 내가 지금 할 필요가 있는

---

3 [옮긴이 주] 이 문단 위 두 문단의 예에 따르면 두 조각 빵이 여덟 컵 산딸기류를 사므로, 한 조각 빵이 네 컵 산딸기류를 사야 한다. 그러나 이 문단에서는 한 조각 빵이 두 컵 산딸기류를 사는 것으로 숫자가 바뀌었다. 숫자가 바뀌었다고 설명이 잘못된 것은 아니지만, 일관성이 없는데, 이 수치 변경은 지은이가 의도한 바가 아니라 그의 부주의로 인한 실수가 아닐까 생각된다.

전부는 내가 어느 선택지를 더 높이 평가하는지 결정하는 것이다. 나는 각 조각의 빵에 대해 최대의 가치를 얻는 방법을 쉽게 계산할 수 있다.

이 화폐 경제에서는, 모든 재화는 빵의 면에서 가격이 매겨지고, 빵은 모든 재화의 면에서 가격이 매겨진다. 빵이 교환 수단이므로, 우리는 (한 조각) 빵의 구매력이 반 파운드 버터, 두 컵 산딸기류, 네 개 달걀, 기타 등등이라고 말할 수 있다. 결과적으로, 사회의 모든 사람이 어떤 것이 "가치가 있는지(worth it)" 결정하기가 훨씬 더 쉽다.

이것을 말하는 또 하나의 방식은 한 조각 빵을 주고 두 컵 산딸기류를 사는 기회비용이 누구든지 그 조각의 빵을 주고 살 수 있는 그 밖의 무엇이든지의 가치, 즉 반 파운드 버터, 네 개 달걀, 기타 등등의 가치라는 것이다. 명백히, 우리는 우리에게 가장 큰 만족을 제공할 것이라고 우리가 기대하는 무슨 이용할 수 있는 재화든 사기로 선택할 것이다. 모든 사람이 가치를 얻으려고 애쓰ㅡ고, 화폐 덕분에, 가격들을 올바르게 비교할 수 있으ㅡ므로, 우리의 행동들은 생산된 재화들에 대한 암묵적인 입찰을 낳는다. 일정 가격에 한 재화를 살 우리의 의향과 능력은 우리의 *수요*(demand)를 구성한다.

한 재화에 대한 최고 입찰자는 그것을 첫 번째로 얻을 것이고 없이 지낼 필요가 없을 것이다. 그 재화에 대해 더 적은 화폐를 입찰하는 사람들은 [화폐로서] 내어놓는 빵이 가치가 있다고 판매자들이 더는 생각하지 않을 때까지 더 늦게 대우받을 것이다. 사람들이 한 재화를 더욱 크게 평가할수록, 그것의 시장 가격은 더 높아진다. 그리고 재화를 팔려고 더 많이 내어놓을수록, 그것의 시장 가격은 더 낮아진다.

마찬가지로, 우리의 구매 노력과 판매 노력이 분리되기 때문에, 우리는 우리에게 대가로 가장 많은 돈을 가져다줄 것을 생산할 수 있다. 우리는 이제 우리의 노동을 우리가 더 큰 기술과 전문성을 가지고 있는 곳에 그리고 우리가 화폐로 가장 높은 지급을 얻을 수 있는 곳에 쓸 수 있다. 이것이 의미하는 것은, 우리 자신에게 이롭도록(더 높은 지급), 우리가 경제에 소비자들이 가장 높게 평가하는 방식으로 이바지하기로 선택한다는 점이다. 시장 환경에서는, 우리 서비스들의 대가로 우리에게 제공되는 구매력은 우리가 화폐 가격들로 시장에 이바지하는 가치에 비례하는 경향이 있다.

그 결과, 자유 시장은 생산에서 최대의 가치를 제공하는 사람들에게 최대의 구매력을 제공하는데, 이것은 그들이 그다음에는 자기들이 선호하는 재화들과 서비스들을 삼으로써 자기들 자신의 욕망을 충족할 더 큰 능력을 또한 가지고 있기도 하다는 점을 의미한다. 구매력 - 과 그러므로 소비력(consumption power), 즉 사람들이 재화들을 통해 자기들의 욕망을 충족할 수 있는 정도 - 은 결과적으로 사람이 (생산자로서) 경제에 공헌하는 것의 반영이다. 간단히 표현하면, 우리가 공급하는 것은 우리가 수요하는 능력이 된다.

법정 불환 지폐와 가격 인플레이션

위의 논의는 상품 화폐로서 화폐의 *경제적 개념*을 설명했다. 역사적으로 말하면, 서로 다른 것이 서로 다른 사회에서 화폐였는데, 바위, 조개 껍데기, 가축, 등등이다. 유럽과 그 밖에서는, 금과 은이 보편적인 국제 화폐로서 나타났다.

우리가 오늘날 사용하는 지폐는 귀금속 경화들과 은행업의 진화 산물이다. 그 과정은 다음과 같다. 은행들은 사람들의 화폐를 안전하게 보관하기 위해 자기들의 금고실에서의 공간을 판다. 화폐는 대체 가능한데, 그 결과 당신이 은행에서 바로 그 금화나 은화를 되찾건 않건 상관없게 되고, 그래서 은행들은 모든 고객의 경화들을 같은 금고실에 보관해서 각 고객이 예금하고 있는 경화들의 수에 대해 영수증을 발행할 수 있다. 그런 영수증들이 경화들로 상환될 수 있으므로, 사람들은 그것들을 먼저 은행에 가지고 가야 하는 대신에 그것들을 교환에서 직접 사용할 수 있다. 결국 영수증을 받게 되는 사람들은 그것을 자기들 자신의 은행에 예금할 수 있는데, 이 은행은 그다음 그 영수증을 발행한 은행에 청구한다. 일정 기간을 두고, 은행들은 빚진 순금과 은을 수송함으로써 자기들의 모든 청구를 청산하여, 모든 사람의 수고를 많이 덜어 준다.

이 관행은 부정적인 면을 가지고 있다: 그것은 은행들에 자기들의 금고실에 화폐가 있는 것보다 더 많은 영수증을 발행할 유인을 제공한다. 영수증들이 모두 동시에 상환되지 않고 화폐가 대체될 수 있으므로, 이 관행은 일하지 않고 얻은 구매력을 은행들에 제공할 수 있다.

자유 은행업 체제(free-banking system)에서는, 그러한 남용은 아마도 더 낮은 수준에 유지될 것이다. 은행은 오직 그 관행이 발견되지 않고 은행이 자기의 평판을 유지할 수 있는 동안만 이 추가적인 "현금(cash)" 영수증들을 발행할 수 있을 것이다. 그러나 그런 영수증들의 소지자들이 은행이 자기의 금고에 충분한 화폐를 가지고 있는지 확신하지 못하자마자 곧 – 은행은 지급 불능이다 – 그들은 자기들의 영수증들을 상환하기 위해 행동할 것이다. 역사적으로, 은행들이 그들의 평판을 잃고 그들의 고객들이 자기들의 화폐를 인출하기 위해 몰려들어, 예금 인출 쇄도(bank run)를 일으킨 많은 예가 있다. 만약 은행이 자기가 화폐로 상환할 수 있는 것보다 더 많은 영수증을 발행했다면, 예금 인출 쇄도(run)는 그것을[은행을] 파산시킨다.

지폐의 과잉 발행으로 인한 은행의 지급 불능은 또한 은행들의 청구 청산(clearing of claims)에서도 발견될 수 있다. 어음 교환소는 은행들의 잔액을 확립하고, 대차를 셈하기 위해 한 은행에서 다른 은행으로 얼마의 화폐가 수송되어야 하는지를 계산한다. 만약 한 은행이 너무 많은 지폐를 발행하면, 이것은 거래들의 청산 동안에 발견될 것인데, 왜냐하면 다른 은행들이 이 은행으로부터의 영수증들을 가지고 있어서 그것이 실질 화폐(real money)―그것이 가지고 있지 않을지 모르는 화폐―를 자기들에 수송할 것을 요구하기 때문이다. 그래서 종이 영수증들의 과잉 발행은 고객들에 의해서뿐만 아니라 경쟁하는 은행들에 의해서도 발견될 수 있다. 파산을 의미하는 잡힐 위험이 상당하다.

현대에서는, 대부분 화폐는 정부의 중앙은행이 발행하는 국가 독점 통화이고, 우리의 예에서 영수증들이 가졌던 것 같은, 뒷받침을 얻고 있지 않다. 이런 사태 전환은 부분적으로는 예금 인출 쇄도 문제를 해결하려는 정부의 시도로서 그리고 부분적으로는 화폐를 발행하는 권력을 이용하려는 그것의 목적에 의해서 설명된다. 독점 화폐 발행자로서, 정부/중앙은행은 외관상 비용 없이 자신에 구매력을 제공할 수 있다.

그러나 우리가 위에서 보았듯이, 화폐의 구매력은 화폐와 이용할 수 있는 재화들 사이의 관계로 표현된다. 새 화폐가 시장에서 재화들을 사는 데 사용됨에 따라, 가격들은 그것들이 그렇지 않으면 있을 곳을 넘어 다투어 올려지는데, 왜냐하면 더 많은 화폐가 유통되고 있기 때문이다. 이런 일이 일어날 때 새 돈이 시장에 들어가면 우리는 일반적인, 그러나 균일하지는 않은, 가격들의 상승을 목격한다. 이것은 가격 인플레이션(price inflation)이다.

-화폐에 관한 정부의 법적 독점화에 의해 창출되는-법정 불환 지폐(fiat currency)는 인플레이션을 일으키는 경향이 있다. 정부가 사람들에게 과세하기보다 인쇄기를 통해 자신에 구매력을 제공하는 것이 더 쉽다. 그러나 그 효과는 (우리가 제3장에서 보았듯이) 화폐의 구매력이 떨어지고, 이것이 사람들을 상대적으로 더 가난하게 만들며, 자본구조를 왜곡한다는 점이다. 이런 유형의 화폐 주도 왜곡은, 우리가 다음 장에서 볼 것이지만, 경제에 엄청난 피해를 주고, (제8장에서 논하듯이) 궁극적으로 호황-불황 순환을 일으킨다.

7 경제 계산

화폐는, 우리가 앞 장에서 논했듯이, 물물 교환의 거래에서는 비실제적이거나 불가능한 많은 교환을 가능하게 한다. 그 결과로 우리는 상태가 더 나아진다. 그러나 화폐는 종종 간과되거나 오해되는 더 큰 함의들을 가지고 있다. 이것들 중 중요한 것은 *경제 계산*(economic calculation)인데, 이것은 가능한 가장 소중한 결과들을 낳기 위해 부족한 자원들이 어떻게 사용되어야 하는지를 결정하는 과정이다. 경제 계산은 어떤 경제든 핵심이다.

우리는, 투입물들과 산출물들을 고려하여, 생산 과정의 결과들을 극대화하는 데 그리고 그 유형의 생산에 적합하지 않은 투입물들을 거부하는 데 기술적 지식을 사용할 수 있다. 그러나 어느 투입물을 사용할지, 어느 생산 과정에 착수할지, 어느 생산 기술들이 더 나은 (더 높은 가치의) 결과를 낳는지, 그리고 어느 결과들을 얻으려고 애쓸지는 근본적으로 경제적 결정들이다.

예를 들면, 기술적 지식은 우리에게 금이 너무 부드러워 철도 선로들에 사용될 수 없다는 점을 말해 줄 수 있다. 그러나 그것은 우리에게 어느 더 단단한 금속이 사용하기 가장 좋은지―가장 유용한지―말해 줄 수 없다: 철, 강철, 혹은 백금? 그 대답을 위해서는 그런 금속들이 그밖에 무슨 용도로 사용될 수 있는지, 그런 용도들이 얼마나 소중한지, 각

금속이 얼마나 많이 이용될 수 있는지를 알 필요가 있다. 기술적 지식은 또한 우리에게 철도를 건설할 때, 방법, 혹은 여부를 말해 줄 수도 없다. 그 철도가 어디에 건설되어야 할까? 그것이 도대체 건설되어야 하는가 아니면 자원들이 어떤 다른 유형의 기반 시설을-혹은 전혀 다른 어떤 것을-건설하는 데 가야 하는가? 그러한 것들은 모두 경제적 질문이다-그것들은 상대적 *가치* 결과에 관한 우리의 계산에 기초한다.

전혀 기술적으로 완전하지 않은 금속이 실제로 최상의 선택일지 모르는데, 설사 그것이 때때로 새 철도들을 놓는 것을 의미한다고 할지라도 그렇다. 기술의 면에서 최상의 해결책은 생산 비용의 가치 결과에 관해 우리에게 거의 내지는 전혀 정보를 주지 않는다. 경제 계산이 없이는, 경제는 부족한 자원들을 절약할 수 없다.

화폐는 공통 단위로서 이바지함으로써, 시장 경제에서 본질적인 메커니즘인, 경제 계산을 쉽게 한다. 바꿔 말하면, 그것은 *화폐 계산* (monetary calculation)을 용납한다.

생산적 경제의 본질

경제학자들은 생산성이 전문화와 밀접하게 관련되어 있다는 점을 오랫동안 알았다. 우리는 자본이 생산성을 증대한다는 점과 그것이 노동을 더 생산적이게 함으로써 그렇게 한다는 점을 제5장에서 보았다. 만약 우리가 적합한 도구들과 기계들을 사용한다면 우리는 우리의 노동 노력에서 더 많이 얻는다. 시장 교환도 역시 노동을 더 생산적이게 하는데, 왜냐하면 사람들이 가장 많은 가치를 창출하는 것들을 생산하는 것에, 그들이 개인적으로 그것들을 소중하게 여기거나 사용하는지와 상관없이, 집중할 수 있기 때문이다. 사람들이 자급자족하고 그들이 자기들의 일상생활에 필요한 모든 것을 생산하는 대신에, 시장들은 그들이 자기들의 전반적인 가치 산출을 증대하기 위해 자기들의 독특한 능력을 개발하고 규모의 경제를-평균 비용이 어떻게 더 높은 생산량과 함께 떨어지는지를-이용할 수 있게 해준다.

전문화, 혹은 우리의 시간과 노력을 더 좁은 집합의 생산 활동들에 집중하는 것은 두 가지 주요 효과를 가지고 있다.

첫째, 우리가 전문화할 때, 우리는 특정 생산 활동을 수행하는 데 더 능하게 된다. 애덤 스미스는 전문화하는 것이 우리를 여러 배 더 효과적이고 생산적이게 하는데, 왜냐하면 우리가 (1) 한 작업에서 다른 작업으로 이동하는 데 시간을 잃지 않고, (2) 재주와 솜씨를 개발하고 증대하며, (3) 더욱더 효과적으로 되기 위해, 간단한 기계들을 사용하거나 새로운 도구들을 개발하는, 방법을 더 쉽게 찾을 수 있기 때문이라고 언급했다.

스미스는 이 "분업(division of labor)"을, 핀의 생산에 열여덟 가지 별개의 작업이 필요한, 핀 공장을 가지고 예증하였다. 스미스의 예에서, "근로자는 ... 아마도, 자기의 최대한의 근면으로도, 하루에 한 개의 핀을 좀처럼 만들 수 없을 것이고, 확실히 스무 개를 만들 수 없을 것이다." 그러나 대신 만약 열 명의 근로자가 일정 작업들을 수행하는 데 전문화한다면, 그들은 "자기들 사이에서 하루에 48,000개보다 많은 핀을 만들 수 있을 것이다." 그것은 엄청난 차이다-전문화하기는 노동의 산물을 적어도 *2,400배*(1인당으로는 240배-옮긴이 주) 증가시킨다.

경제 계산 • 95

차이는, 양 경우 다에서 똑같은 도구들이나 작업들에 있지 않고, 생산 과정의 더 나은 조직에 있다. 즉, 전문화는 근로자들이 훨씬 더 생산적일 수 있게 해준다.

둘째, 우리가 전문화할 때－그리고 우리가 전문화하기 *때문에*－우리는 다른 사람들이 생산 과정의 자기 역할을 하는 것에 의존하게－되고 그들도 우리에게 의존하게－된다. 생산 과정에서 연속적인 분업은 상호 의존을 일으킨다: 스미스의 예에서 열 명의 근로자는 함께 막대하게 많은 핀을 생산할 수 있지만 오직 그들 모두가 자기들의 작업을 수행하는 한만 그렇다. 만약 생산 과정의 도중에 있는 한 근로자가 일하러 나타나지 않는다면, 이것은 그 과정에서 공백을 일으킨다. 결근한 근로자의 작업이 시작되는 지점까지보다 더 이른 작업에 종사하는 근로자들은 자기들의 역할을 할 수 있을 것이지만, 결근한 근로자로부터 투입이 필요한 근로자들은 자기들의 작업을 수행할 수 없고, 그래서 핀들이 만들어지지 않을 것이다. 그 과정이 하여간 어떤 핀들이든 산출하기 위해서는, 모든 작업이 수행되어야 한다. 간단히 표현하면, 그 열 명의 전문화된 근로자는 함께 서고 쓰러진다. 만약 그 사슬이, 무슨 이유로든, 끊어지면, 그들은 48,000개 핀을 생산하는 것으로부터 하찮은 200개(스미스의 예에서 열 명의 전문화되지 않은 근로자에 대한 최대치)로 되돌아갈 것이다.

그러한 상호 의존은 위험하고, 나쁜 생각같이 들릴지 모르지만, 그렇지 않다. 이 근로자들 각각은 그 과정을 완성하는 데 이익이 있다; 그렇지 않으면 팔 핀도 일자리도 없을 것이다. (전문화되지 않은 근로자로서 그들은 각각 기껏해야 스무 개 핀만 만들고 더 낮은 생활 수준을 가질 수 있을 것이다.) 그래서 그들의 전문화된 생산적 노력들이 상호 의존되어 있기 때문에, 근로자들은 생산 과정을 완성하는 데 이익을 공유하고 있다.

스미스의 주장은 더 일반적이고, 그저 공장 생산에만 국한되지 않는다. 자본 구조 자체도 전문화의 결과이다: 분업을 쉽게 하고, 강하게 하며, 높이는 자원 분할.

납작한 빵을 굽는 사람이 오븐을 조립할 때 (제5장을 보라), 그는 빵 굽는 사람으로서 자기의 생산성을 증대할 뿐만 아니라, 오븐을 생산하는 지식과 솜씨를 개발하기도 한다. 만약 그의 혁신을 사용하는 데 관심이 있는 다른 빵 굽는 사람들이 있다면, 우리의 빵 굽는 사람은 빵 굽는 것 대신에 오븐 만드는 것에 전문화할 수도 있을 것이다. 그는 다른 빵 굽는 사람들에게 [오븐을] 공급할 수 있을 것이고, 그다음 그들은 오븐으로 굽는 빵을 생산하는 데 전문화할 수 있다. 그 빵 굽는 사람의 역할은 빵 굽는 것에서 오븐들을 공급하는 것으로 바뀌었고, 그의 생계는 이제 오븐들을 생산해서 그다음 그것들을 파는 데 필요한 자원들의 이용 가능성에 달려 있다. 그것은 더 많은 가치를 창출하고 그의—그리고 그밖에 모든 사람의—생활 수준을 증대할 기회이다.

빵 굽는 사람의 이 간단한 예는 더 긴 생산 과정이, 그것이 더 많은 가치를 낳기 때문에, 혁신들과 그 결과로서 생기는 노동과 자본의 집약적인 분할을 통하여, 어떻게 채택되는지를 보여준다. 그것은 부족한 자원들을, 특히 노동을, 더 효과적으로 사용하는 것보다 더 생산적이다. 현대 경제는 아주 좁은 전문화들을 가진 극히 긴 생산 과정들을 가지고 있어서 우리 대부분은 경제의 나머지가 없이는 생존할 수 없을 것이다.

당신이 당신의 일상생활에서 의지하고 사용하지만, 당신이 스스로 생산하지 않은－그리고 아마도 생산할 수 *없는*－모든 것에 관해 생각해 보라. 우리는 생산에서 자기의 역할을 하는 많은 낯선 사람에 의존한다.

　반면에, 경제는 전문화 없이는 오늘날 세계에서 사는 그 많은 사람을 부양할 수 없을 것이다. 그리고 그것이 부양할 수 있을 더 적은 인구도 우리가 이용할 수 있는 재화들의 편의(便宜)와 수를 가지지 못할 것이다. 우리의 현대 번영은 노동과 자본 분할의 결과인데, 이것[노동과 자본 분할]은 시장에서 혁신과 경쟁을 통해 끊임없이 높여지고 향상된다.

　시장은 생산 및 공급 사슬들에서 상호 의존의 위험들과 잠재적인 부정적 면들을 병렬 생산 과정들에 영향을 미침－중복(redundancy)－으로써 줄인다. 새롭고 전문화된 생산 과정이 이윤을 벌 때, 그것은 그 이윤을 간절히 공유하고 싶은 기업가들에 의해 재빨리 모방될 것이다. 바꿔 말하면, 만약 오븐 만드는 사람이 자기 오븐들로부터 높은 이윤을 번다면, 다른 사람들이 똑같이 하려고 시도할 것이다. 그들은 시장의 한 몫을 손에 넣기 위해 병렬 시장 구조들을 개발할 것이다.

　이런 유형의 모방적 경쟁으로써, 생산이 완성되지 않을 위험은 크게 줄어든다. 오븐 만드는 사람이 전문화된 생산 과정을 통해 오븐들을 조립하기 위해 여러 근로자를 고용한 경우를 상상해 보자. 전(全) 사업의 성공은 모든 근로자가 자기 역할을 하는 것에 달려 있다. 그러나 다른 사람들이 오븐 산업에서 이윤 중 약간을 손에 넣기 위해 이 과정을 모방할 때, 그들은 다른 기업가가 완성할 수 없었던 반제품 오븐을 사용해서 완성할 수 있다. 따라서, 상호 의존에 기인한 실패는, 중앙 집권적 과정들과 대조적으로, 시장들에서는 거의 걱정되지 않는다.

중복은 비효율적인가? 한 공장이 더 큰 규모에서 생산하는 대신에, 왜 많은 생산자가 똑같은 재화를 내어놓는가? 이것은 시장이 과정이라는―한 기업으로는 모든 고도로 전문화된 과정을 확립하는 데 충분하지 않다는―사실(이것에 관해서는 아래에서 더 다룬다)을 간과한다. 이것에 대해서는 두 가지 주요 이유가 있다. 첫째, 불완전성(incompleteness)이다: 그런 고도로 전문화되고 독특한 과정들은 위험성이 큰데, 왜냐하면 모든 전문화된 작업이 그것들을 만들거나 깨뜨릴 것이기 때문이다. 규모의 경제를 사용하는 것이, 역시 전 과정이 실패할 위험을 무릅쓰기도 하는, 중복이 없는 것보다 더 많은 편익을 제공한다는 점이 명백하지 않다. 둘째, 정련(refinement)이다: 생산에서 혁신들은 전혀 처음부터 완전하지 않고, 새로운 기업가들이 기능을 향상하는 방법을 알아냄에 따라, 경쟁을 통해 더 나아진다. 시장의 중복이 없으면, 우리는 규모의 경제를 확립할 만큼 충분히 좋은 생산 과정들을 전혀 얻지 못할 것이다.

두 번째 논점은 약간 상술(詳述)이 필요하다. 시장 경쟁이 생산 과정들을 더욱더 작은, 더 전문화된 작업들과 과정들로 분할함에 따라 많은 정련과 진보가 일어난다. 기업가들은 끊임없이 혁신하고 더 나은 생산 방식들을 발견함으로써 기존 생산을 능가하려고 한다. 그들은 기존 과정들의 부분들을, 더 생산적인 것으로 기대되고 경쟁 우위를 제공할 수 있을, 더 고도로 전문화된 하위 과정들로 대체한다. 기업가들의 이윤 유도 혁신은 생산 과정들을 더욱더 하위 분할하고 분권화한다. 전에는 참신한 생산 과정의 전문화된 부분들이었던 것은 시장에서 거래되는 표준화된 자본 재화들과 서비스들이 된다.

이런 예를 고찰해 보자. 초기에, 기업가들은 생산을 추적하고 관리하기 위해서뿐만 아니라, 판매를 증대하기 위해서도 새로운 아이디어들을 집행했다. 이 아이디어들은 회계와 마케팅 부서들로 확대했는데, 그것들의 전문화는 이 작업들을 더 생산적으로 만들었다. 오늘날 회계와 마케팅은 별개의 사업들인데, 왜냐하면 기업가들은 어느 한쪽에 전문화하고 이 서비스들을 별개의 실체로서 기업들에 파는 것이 더 생산적이라는 점을 발견했기 때문이다. 이것은 생산자들이 생산에, 회계사들이 회계에, 그리고 마케팅 담당자들이 마케팅에 집중하게 한다. 그들은 각각 자기들의 직업에 전문화하고, 자기들 각자의 과정을 개선하며, 자기들의 전반적인 산출을 증가시킬 수 있다. 그것은 농민들이 자기들 자신의 트랙터를 건설하지 않고, 자기들 자신의 씨앗을 발육시키지 않으며, 자기들 자신의 비료와 농약을 만들지 않는 것과 똑같은 이유이다.

생산적 상호 의존은 또한 긍정적인 *사회적* 결과가 딸려 있기도 하다. 우리는 앞의 논의에서 우리의 수요 능력―우리의 구매력―이 다른 사람들을 위해 가치를 생산하는 것에서 생긴다는 점을 언급했다. 경제가 더욱더 전문화됨에 따라, 우리의 개인적인 공헌은 더욱더 다른 사람들의 생산적 공헌에 의존한다. 그리고 역도 마찬가지다. 이것은 또한 내가, 이 시장 환경에서는, 나 자신에 봉사하기 위해서는 다른 사람들에 봉사해야 한다는 점을 의미하는데, 왜냐하면 나의 수요 능력이 나의 공급의 가치에 기초하기 때문이다. 결과적으로, 내가 더 많이 다른 사람들과 상호 작용하고, 다른 사람들에 관해 배우며, 다른 사람들을 이해할수록, 나는 그들이 가장 소중히 여기는 것을 더 잘 생산할 수 있다. 이것은 자기들의 고객들에게 봉사하려고 노력하는 자영 기업가들에게 적용될 뿐만 아니라, 자기들이 얼마나 잘 자기들의 고용주들에게 봉사하는지에 대해 임금을 받는 대기업들에서의 고용인들에게도 적용된다. 따라서 시장 생산은 공감적이다 – *다른 사람들을 위해 가치를* 제공하는 당신의 능력은 궁극적으로 당신이 당신 노력의 대가로 얻는 가치를 결정한다.

이것은 시장 과정이 생산에 관한 것일 뿐만 아니라 문명화 과정이기도 하다는 점을 의미한다: 그것은 우리 서로와 공동의 이익을 위해 사회적 협동을 요구하고 증대시킨다. 공개 시장 생산에는 모순이 없다 – 오직 공감 생산을 통한 가치와 그것의 추구만 있다. 경쟁은 사실상 협동이다: 그것은 지도되거나 설계되지 않고 가격 기구를 통해 실행된다. 그리고 그것과 함께 다른 사람들의 관점에 대한 더 나은 이해와 존중이 온다 – 왜냐하면 이것이 우리를 더 낫게 하기 때문이다. 루트비히 폰 미제스는 매우 명백하게 진술했다:

> 사회는 의식적이고 목적 있는 행동의 결과이다. 이것은 개인들이, 그들이 인간 사회를 설립한, 계약들을 체결했다는 점을 의미하지 않는다. 사회적 협동을 일으켰고 날마다 그것을 새롭게 일으키는 행동들은 일정한 독자적인 목적의 달성을 위해 다른 사람들과의 협동과 상호 노력 외의 어떤 것도 목표로 삼지 않는다. 그러한 일치된 행동들이 일으키는 상호 관계들의 전체 복합체는 사회라고 불린다. 그것은 – 적어도 생각할 수 있는 – 개인들의 고립된 생활을 협력으로 대체한다. 사회는 노동의 분할이고 노동의 결합이다. 행동하는 동물로서의 자격으로 사람은 사회적 동물이 된다.[1]

경제와 사회는 같은 동전의 양면이다. 시장 과정을 사회 및 문명과 구별하는 것은 가능하지 않다.

추진력

우리는 시장 경제를 과정으로 불렀지만, 무엇이 그것을 과정으로 만드는지 아직 논하지 않았다.

우리가 상호 작용하는 그리고 관찰할 수 있는 시장은 실제로, 우리가 살 수 있는 재화와 서비스를 발생시키는, 많은 생산 과정이다. 이 과정들은 우리가 소득을 벌 수 있게 해주는 일자리들을 발생시키고, 그 소득을 가지고 우리는 재화를 사기로 선택할 수 있다.

그러나 시장 과정은 그저 현재 진행 중인 재화 생산만이 아니다. 무슨 새로운 재화가 생산되어야 할지 누가 결정하는가? 간단한 대답은 기업가들이다. 그들은 소비자들에게 이익이 되고 그러므로 자기들에게 이윤을 벌어 줄 것으로 자기들이 생각하는 새로운 재화들과 새로운 생산 과정들을 생각한다. 그러나 기업가들은 자기들이 생산하고, 팔려고 내어놓는 것이 [소비자들의] 마음에 들지 - 혹은 소비자들이 무슨 가격에 기꺼이 돈을 쓸지 - 알 수 없다. 그래서 기업가들은 투기한다 - 그들은 소중하다고 자기들이 상상하는 것이 소비자들에 의해 소중하게 여겨질지 내기한다. 이렇게 함으로써, 기업가들은 시장 과정을 추진한다. 그들은 더 많은 가치 창출을 추구하면서 끊임없이 현상 유지에 도전한

---

1 Ludwig von Mises, *Human Action: A Treatise on Economics*, 학자판. (Auburn, AL: Ludwig von Mises Institute, 1998), p. 143.

다.

 기업가들은 새로운 가치를 창출하려고 시도하고 장기적으로 생산의 진화를 추진한다. 예를 들어, 1900년에는, 개인 운송의 생산은 말이 끄는 마차를 이용 가능하게 하는 것을 중심으로 하였다. 그러나 2000년에는, 그것은 자동차를 제조하는 것에 관한 것이었다. 이 변화는 시장 과정의 본질(what the market process is), 즉, 생산되는 것과 그것이 생산되는 방법의 끊임없는 변화와 개선이다.

 기업가 정신은 시장 과정의 추진력이다. 말이 끄는 마차에서 자동차로의 대이동은 기업가적 혁신, 경제학자 조지프 A. 슘페터(Joseph A. Schumpeter)가 유명하게 "창조적 파괴(creative destruction)"라고 불렀던 것의 부분의 문제였다. 그 이동의 창조적 측면은 자동차-소비자들에게 제공된 개인 운송의 새로운 형태-의 출현이었다. 구체적으로 말하면, 새로운 자동차들을 그렇게 많은 소비자가 이용할 수 있게 한 것은 헨리 포드의 모델 T(Model T; T형 자동차)-감당할 수 있는 대량 생산된 자동차-의 도입이었다. 사람들은 말들과 마차들을 제거하기로 선택하지 않았고 오히려 자동차들이 더 많은 가치를 제공하기 때문에 그것들을 선택했다. 거기에 "파괴(destruction)"가 있다-말이 끄는 마차 운송 시장은 소비자들이 다른 곳에서 더 큰 가치를 얻었기 때문에 붕괴했다.

 이것을 다른 말로 표현하면, 자동차들은 소비자들에게 그들이 이전에 선호하던 운송 수단보다 더 큰 가치를 제공했다. 결과적으로, 말들을 기르고 훈련했었고 마차들을 지었었던 사람들은 더는 중요한 가치를 제공하지 않고 있었다. 그러므로 그것들의 사업들과 직업들은 곧 소비자들이 더 소중히 여기는 것들로 대체되었다.

　말이 끄는 마차 운송을 지원하여 나타났었던 사업들과 직업들은 사라졌거나 다른 재화들의 생산으로 진화해야만 했다. 그래서, 오늘날 우리는 그저 소수의 마구간만 가지고 있지만, 자동차를 지원할 많은 철광, 철강 공장, 그리고 주유소가 있다.

　새로운 가치로의 이런 이동들은 시장에서 끊임없이 일어난다. 때때로 우리는 그것들을 아는데, 왜냐하면 그것들이 빠르고 우리에게 개인적으로 영향을 미치기 때문이다. 그러나 우리는 종종 그 변화들을 모른다. 후자는 전형적으로 주요 변화들이 생산 과정들 *안에서* 일어나지만 소비재에 영향을 미치지 않는 경우이다. 예를 들어, 컴퓨터는 생산 과정들과 회사들이 경영되는 방법 양쪽 다에 혁명을 일으켰다. 비록 컴퓨터들이 생산 과정을 더 효율적으로 만들―거나 그것을 완전히 재구조화할―수 있을지라도, 소비자들은 상점들에서 팔려고 내어놓은 재화들에서 차이를 종종 알아차리지 못한다. 그러나 생산자들은 그것을 새로운 직업으로 여기고 전문화들이 나타나기 시작한다. 이 새로운 가치 창출 일자리들은 더 높은 임금들과 새로운 경력 유형들을 제공한다. 1900년에는 컴퓨터 전문가들이 없었지만, 2000년에는 그것은 흔하고 존경받는 경력이었―고 그들은 1900년에 최고급품 마차들을 생산하는 가장 숙련된 목수들보다 훨씬 더 높은 생활 수준을 얻었―다.

가치의 생산

기업가들은 기존 기업들뿐만 아니라 소비자들에게 새로운 가치를 산출하는 다른 기업가들과도 경쟁한다. 기업가들은 더 중요한 역할도 가지고 있다. 새로운 가치 창출을 투기하고 내기할 때, 기업가들은 경제 계산의 수단을 제공한다 – 그들은 생산 수단의 화폐 가격을 결정한다. 이것은 근본적으로 중요하다 – 그것은 경제를 가능하게 하는 것이다. 기업가들이 이 기능을 제공하지 않으면, 자원들을 경제적으로 쓰고 새로운 혁신적인 생산 과정들을 발견하는 것이 불가능할 것이다.

이것을 이해하기 위해 우리는 기업가들이 하는 것을 고찰할 필요가 있다. 구체적으로 말하면, 우리는 전체로서의 그들의 행동들이 의미하는 것을 고찰해야 한다. 경제에서 그렇게 많은 것에 대해서와 같이, 관찰할 수 있는 현상들이 사람들의 행동들에서 생기지, 어떤 한 사람에 의해서 창출되지 않는다. 대신, 그것들은 사람들의 행동들에서 생기는 양식들(질서)이다. 이것을 다르게 표현하면, 만약 내가 도로의 한쪽으로 차를 몰지 다른 쪽으로 몰지 않는다면, 그것은 큰 쟁점이 아니다. 다른 운전자들에 대해서도 마찬가지다. 그러나 만약 모든 운전자가 도로의 우측으로 차를 몬다면, 이것은 모두에게 이로운 (전체로서) *교통*에 대한 질서를 창출한다. 이 질서는 또한 개개 운전자들의 결정들에도 영향을 미친다 – 그밖에 모든 사람과 같은 쪽으로 차를 모는 것이 더 합리적인데, 왜냐하면 다르게 하면 안전하지 않을 것이고 대단히 비효율적일 것이기 때문이다.

마찬가지로, 한 기업가가 하는 것도 중요하고, 우리가 헨리 포드의 모델 T에 대해 보았듯이, 파열시키기조차 할지 모른다. 그러나 무엇을 파열시키는가? 이미 존재하는 시장 질서를 그렇게 하는데, 이것은 생산자들과 소비자들 행동들의 집합이다. 따라서, 기업가들은 *개인적으로*

(individually) 일정 방식들로 행동할 수 있고(개인적으로 도로의 한쪽으로 차를 몰기의 계), *집합적*(aggregate)으로 우리 모두에게 이로운 질서(우측 차선으로 차를 몰기)를 창출할 수 있다.

명료하도록 상세히 설명하자. 기업가는 지금까지 시험해 보지 않았던 새로운 재화나 과정을 상상한다. 헨리 포드(Henry Ford)는 조립 라인 생산을 사용하는 자동차를, 요하네스 구텐베르크(Johannes Gutenberg)는 인쇄기를, 그리고 토머스 에디슨(Thomas Edison)은 전구를 상상했다. 기업가는 새로운 재화가 기존 재화들이 하는 것보다 더 많은 가치를 소비자들에게 가져올 것으로 확신한다. 그는 잠재적인 가치가 아주 높아서 자기의 새로운 재화에 대해 소비자들이 기꺼이 대금을 치를 것으로 믿는다. 바꿔 말하면, 그는 이윤을 벌 것으로 기대한다.

기업가의 이윤 계산은 이용할 수 있는 자원들의 비용, 즉 근로자들에 대한 봉급, 생산 시설, 재료와 기계, 전기, 기타 등등에 기초해 있다. 이 비용들은 추정하기 쉬운데, 왜냐하면 그 자원들을 시장에서 입수할 수 있기―그것들의 가격이 이미 결정되었기(이것은 중요하고 우리는 그것으로 돌아올 것이다)―때문이다. 얻기 어려운 자원들에 대해서는, 기업가는 다른 생산자들보다 더 비싼 값을 부르는 것이 얼마나 많이 필요할지 추정할 수 있다. 새로운 유형의 기계를 조립하는 비용도 역시 추정될 수 있는데, 왜냐하면 필요한 모든 것은 이미 입수할 수 있기 때문이다. 거의 모든 비용은 화폐 가격들로 추정될 수 있고, 그래서 기업가는 이 새로운 재화를 생산하는 비용을 쉽게 추정할 수 있다.

그것이 가치가 있을까? 그 사업은 충분한 이윤을 발생시킬까? 이것을 알아내기 위해, 기업가는 *소비자들에 대한 새로운 재화의 가치*를 추정해야 한다. 그 가치는 소비자들이 얼마의 가격을 기꺼이 치를지 그리고 그런 가격에 팔리는 양에 관해 대충 알려 준다. －가치에서 유래하는－ 이 가격은 어떻게, 언제, 그리고 어디에서 생산할지에 대한 기업가 결정들의 기초이다. *화폐 가격*(money prices)으로서 기대 수입은 기업가가 근로자, 자본 판매자, 기타 등등에게 기꺼이 지급할 최대치를 구성한다. 기대 수입에서 비용들을 빼면 기업가는 제품의 수익성과 그것의 기대 수익률을 알 수 있다. 이런 화폐 계산이 가능한데, 왜냐하면 비용과 편익 양쪽 다가 화폐로 표현되기－그것들이 비교될 수 있고 결과가, 비록 그것이 부분적으로 추측들과 추정들에 기초하고 있을지라도, 또 예측되는 결과라고 할지라도, 계산될 수 있기－때문이다. 그러면 기대 이윤에 기초하여, 기업가는 투자가 가치가 있는지 결정할 수 있다. 화폐 계산은 시장 수준에서 경제적으로 쓰는 것을 가능하게 한다!

이것은 명백한 것으로 들릴지 모르지만, 명백하지 않다. 기업가를 안내하고 기업을 운영하는 방법에 관한 그의 선택에 영향을 미치는 것이 가치 결과라는 사실을 많은 사람은 간과한다. 기업가는 이윤에 의해 동기가 부여되는데, 이윤은 소비자들이 재화를 소중히 여길 때 벌 수 있다. 바꿔 말하면, 가치는 그 기업가의 관리를 떠나서 있지만, *비용은 선택이다.*

모든 기업가가 자기들이 소비자들에게 제공할 가치에 관한 자기들 최상의 추측에 기초하여 비용에 관해서 선택하는 것의 결합 효과를 고찰해 보자. 그들은 끊임없이－서로 경쟁하면서－자원들에 입찰하고 자기들의 비용을 재고한다. 위의 그 기업가와 똑같이, 그들은 근로자들에게 동기를 부여하거나, 더 높은 가격을 제의함으로써 재료나 서비스 판매자들을 부추겨야 할지 모른다. 설사 그들이 이미 기업을 가지고 있다고 할지라도, 그들은 이전 계약들을 갱신할지, 그것들을 재협상할지, 생산을 수정할지, 기타 등등을 여전히 선택할 필요가 있을 것이다. 이 선택들과 결정들은 기대 가치 결과에 기초해 있다: 새로운 어떤 것을 시험하는 기업가들에게는, 이것은 소비자들이 그들의 재화에서 얼마나 많은 가치를 경험할지에 관한 그들의 최상의 추측이다; 기존 재화를 계속해서 생산하는 기업가들에게는, 그것은 사정이 전과 같이 계속될 것이라는 (혹은 계속되지 않을 것이라는!) 그들의 가정일지 모른다.

더 많은 가치를 산출할 것으로 기대하는 기업가들은 투입물들에 대해 더 높은 가격을 입찰할 수 있―고 자기들이 원하는 투입물들을 얻는 것을 더 쉽게 여길 것이―다. 더 낮은 가치를 산출할 것으로 예상하는 기업가들은 가장 비싼 투입물들을 살 여유가 없고 다른, 아마도 열등할, 것들을 고려할 필요가 있을 것이다. 이것은 가장 유용하고 가치를 제공하는 자원들이 가장 높은 가격들에 팔릴 것이고, 그러므로, 그것들이 소비자들에게 최대의 가치를 창출할 것으로 기대되는 곳에 사용될 것이라는 점을 의미한다. 기업가들은 그런 식으로 간접적으로 *자원들을* 그것들의 "최상의" 용도들로 *돌린다*.

입찰 과정은 자원들을 그저 그것들이 가장 가치 있을 것으로 기대되는 곳으로 돌리는 방식만은 아닌데, 하기야 이것이 매우 중요하긴 하다. 그것은 또한 그런 자원들의 시장 가격을 결정하기도 한다. 기업가들이 자기들의 수익성 계산에서 사용할 수 있는 이미 결정된 가격들이 있다. 손실을 피하기 위해, 기업가들은 너무 비싼 자원들에서 떨어져 있을 것이고(이것은 시장이 어떤 다른 사람이 그것들로부터 더 많은 가치를 창출할 것으로 기대한다는 신호이다) 대신 이윤을 발생시킬 수 있는 더 감당할 수 있는 자원들을 선택할 것이다.

따라서, 기업가들의 경쟁적 입찰은 자원들을 돌리고 그것들의 가격들을―그리고 더 나아가 *어느 사업들이 추구되어야 하는지를*―결정한다. 오직 가장 높은 기대 가치를 가진 사업들만 이윤을 벌 것으로 기대될 수 있(고 그러므로 추구될 것이)다. 새로운 가치를 창출할 것을 예상하는 기업가는 기존 생산보다 비싼 값을 매길 여유가 있다.[2] 이것은 대기업들이 기업가들을 거의 마음대로 하지 못하는 이유이다. 중요한 것은 기대되는 가치 공헌이지, 조직 규모가 아니다.

자기들이 또한 결정하는 데 연루되어 있기도 한 가격들에 기초하여 기업가들이 결정하는, 생산 수단의 시장 가격 책정에 관한 이 신기한 과정은 시장이 *부족한 자원들을 합리적으로*―즉 미래 가치 결과의 시각에서 경제적으로―사용할 수 있게 하는 것이다. 이 과정은 완전한 결과를 창출하지 않고, 이것은 불가능한데, 왜냐하면 무슨 비용들을 떠맡느냐를 포함하여 생산 결정들이 항상 소비자들의 평가보다 앞서기 때문이다. 어떤 생산이든 결과는 불확실하고 궁극적으로는 소비자들이 무엇을 사기로 선택하느냐에 달려 있다. 그것이 *과정*(process)임을 기억하라―결과가 알려지지 않고 알려질 수 없으므로 그것은 극대화하는 것이 될 수 없지만, 그것은 개선될 수 있다.

미래의 불확실성은 그렇게 많은 기업가가 실패하는 이유를 설명한다. 미래를 알지 못해서, 그들 중 많은 사람은 자기들이 생산하기로 착

---

[2] 자기들 자신의 자본을 가지고 있지 않은 기업가들은 만약 기대 가치가 충분히 높으면 외부 자금을 얻을 수 있을 것이다.

수하는 것의 소비자 가치를 잘못 계산하고, 어쩌면 과대 추정할 것이다. 그런데도 불구하고 실패하는 기업가들은 중요한 공헌을 하는데, 왜냐하면 그들의 실패는 다른 기업가들에게 무엇이 작동하지 않는지 명백하게 할 뿐만 아니라 그들의 자원들을 다른 기업가들이 이용할 수 있게도 하기 때문이다.

이 체제는 그것이 사유 재산에 기초하기 때문에 작동한다: 기업가들은 개인적으로 이득을 얻거나 손해를 본다. 만약 그들이 자기들 자신의 화폐나 재산을 잃는 위험을 무릅쓰지 않는다면, 그들 중 많은 사람은 어느 비용을 부담할지 선택하는 데 덜 주의할 것이고, 가격들은 그 결과 합리적인 가격 추정이 되지 못할 것이다. 만약 [사유 재산 체제가 아니어서] 기업가들이 자기들의 불확실한 사업들로부터 이익을 얻을 것 같지 못하면, 그들은 그것들을 시도할 이유가 거의 없을 것－이고 현명하게 자기들의 비용을 선택할 이유는 더욱더 적을 것－이다.

요약하면, 시장 과정은 부족한 자원들을 합리적으로 분배하는데, 왜냐하면 기업가들이 자기 자신의 개인적인 재산을 걸고 그러므로 올바른 선택을 하도록 최선을 다하기 때문이다. 만약 그들이 실패하면, 그들은 냉혹하게 제거되고 다시 시도할 자본을 덜 가진다. 성공하는 기업가들, 자기들의 비용을 현명하게 선택했고 소비자들이 높이 평가하는 재화들을 생산한 기업가들은 이윤으로 보상받는다. 이 기업가적 원동력은 최고의 그리고 가장 똑똑한 사람들이 자기들의 아이디어를 시험할 수 있－고 소비자들에게 편익을 주－는 "지적 노동의 분할(division of intellectual labor; 지적 분업)"을 창출한다.

기업가 정신과 관리

여기서 개설된 시장 과정은 우리가 어떤 순간에든 관찰할 수 있는 것을 훨씬 넘는다. 그것이 과정이므로, 어떤 주어진 시점에 존재하는 모든 것은 앞에 온 것의 결과-이고 뒤에 올 것의 도전을 받을 것-이다. 바꿔 말하면, 오늘 존재하는 기업들은 시장 제거 과정의 결과이다-그것들은 기업가적 자원 입찰에서 "이겼다(won)." 소비자들이 다르게 선택했거나 기업가들이 다른 아이디어를 가지고 있었더라면, 다른 기업들이 다른 재화들을 생산하고 있을 것이다.

마찬가지로, 현재 자금을 얻거나, 자기들의 사업을 창업하거나, 생산 과정을 실험하는 과정 중에 있는 몇몇 기업가는 내일의 기업들을 창설하고 있다. 기존 생산자들은 오직 그들이 계속해서 가치를 창출하-고 내일의 기업들보다 *더 많은* 가치를 창출하-는 경우에만 사업을 유지할 것이다. 이것은 기존 기업들이, 매우 큰 기업들조차도, 등을 기대고 편히 쉴 수 없으며 혁신해야 하는 이유이다. 그것들은 오직 그밖에 다른 기업들이 소비자들에게 더 많은 가치를 제공하지 않는 한만 시장 과정에 자리를 차지한다.

바꿔 말하면, 만약 우리가 경제를 분석하고 단지 존재하는 기업들에만 집중하기라도 한다면, 우리는 과정 대부분을 놓칠 것이다! 우리는 이 기업들(과 그것들이 생산하는 재화들)이 존재하는 이유를 이해할 수 없을 것이고, 우리는 더 좋은 아이디어를 가진 기업가들이 이내 그들을 대체할지 모르는 방식이나 이유를 이해하지 못할 것이다. 오직 현상(現狀)-우리가 현재 관찰할 수 있는 경제-이나 최근 과거에 일어난 변화들만 고찰한다면, 우리는 경제가 자원들의 사용을 극대화하는 것과 거리가 먼 상당히 정태적인 체제라고 쉽게 결론지을 수 있을 것이다. 비효율들을 발견하고 다른 잠재적인 해결책들을 생각해 내는 것은 쉬울 것이다. 그러나 이것은 엄청난 실수일 것이다. 시장 과정은 주로 소비자들을 위해 새로운 가치를 창출하는 방법을 알아내는 것에 관한 것이—지 그것은 현 생산에서 산출을 극대화하는 것에 관한 것이 아니—다.

그것은 *기업가적 과정*(entrepreneurial process)이다. 현상(現狀)은 그 과정의 그저 가장 최근의 표현일 뿐이다—그것은 어제의 승리자들이 내일의 승리자들로 대체되기 전 어제의 승리자들이다. 시장 과정은 끊임없이 변화하고 재생과 진보의 특징을 띤다.

시장 과정은 단순한 *생산 관리*(production management)를 한참 넘어선다. 우리는 기업들이, 생산을 합리화하고, 비용을 절감하며, 자기들이 생산하는 재화들을 미조정(微調整)하고 개선하는, 훌륭한 관리를 가지기를 원하는 것이 당연하다. 그러나 관리는 기업가가 옳다고 증명된 후에 생산에서 일어나는 것이다. 미제스가 표현했듯이, 관리자(manager)는 기업가의 "하급 동업자(junior partner)"이다.

간단히 표현하면, 관리는 기업가 정신과 전혀 다른 문제를 푼다. 그것은 생산 과정의 결과를 (전형적으로 이윤 면에서) 극대화하는 것에 관한 것이다. 시장 과정을 그저 생산 관리로서 잘못 해석하는 것은 근본적인 실수이다.

제3부
개입

8 화폐적 개입

호황-불황 순환

경제의 끊임없는 유동은 무작위적인 변화가 아니라 가치를 창출하는 것을 수행하기 위한 생산 장치에 대한 적응들이다. 가치는 이동 표적인데, 왜냐하면 소비자들이 시간에 걸친 변화 그리고 혁신들과 새로운 기회들을 원하기 때문이다. 끊임없는 적응들은 시장이 과정으로서 가장 잘 이해된다는 점을 의미한다.

   이것에는 두 가지 근본적인 경향이 있다. 첫째, 노력들이 기대 소비자 가치에 맞추어 조정돼 있게 해 두도록 의도된 기존 생산에 대해 이루어진 적응들이 있다. 이것들이 없으면, 생산은 소비자들이 원하는 것과 더욱더 어긋나게 될 것이다. 우리는 그 결과 생활 수준 하락을 경험할 것이다.

   둘째, 기업가들은 자기들이 소비자들을 위해 새로운 가치를 창출할 것으로 상상하는 혁신들을 시도한다. 이것들이 성공할 때, 그들은 이미 존재하는 생산을 파열시키고 대체한다. 이런 식으로 생산에 혁명이 일어날 때, 경제는 성장하고 우리의 생활 수준은 상승한다.

   전반적인 과정은 기능하는 가격 체제에 달려 있는데, 이것은 경제 행위자들에게 그들이 변화들에 합리적으로 대응하는 데 필요한 정보를 제공한다(우리는 이것이 어떻게 작동하는지를 제7장에서 보았다). 그러나 만약 가격들이 조작되고, 잘못된 정보를 준다면, 기업가들은 그 그릇된 정보에 따라 결정할 것이다. 이것은 기업가들이 자기들의 사업에서 더 실패할 것 같다는 점을 의미하지만, 그것은 또한 기업가들의 행동들이 생산 장치에 실수들을 도입한다는 점을 의미하기도 한다. 그 결과, 경제는 *왜곡된다*(distorted).

호황-불황 순환(boom-bust cycle)은 조작된 가격 신호들이, 인위적인 지속할 수 없는 호황을 낳고, 생산에서 오류들이 명백해짐에 따라 불황이 따르는, 과오 투자들(malinvestments)을 일으키는 특별한 유형의 왜곡이다.

수익률과 자본 투자

어떤 투자에 대해서든, 기대 수익을 금액보다는 비율로서 생각하는 것이 중요하다. 왜 그런가? 왜냐하면 투자가 얼마나 훌륭한지를 결정하는 것은 상대 소득이기 때문이다. $1백만 이윤은 만약 그것이 10억 달러 투자에서 생긴다면 많지 않다. 그러나 $1백만은 만약 원(原)투자가 $100,000이었다면 엄청난 수익이다. 달러로서의 이윤은 같지만, 후자는 전자의 만 배이다.[1]

이윤을 수익률들의 면에서 생각하는 것은 서로 다른 사업을 비교하

---

[1] $10억 투자에서 온 $1백만 이윤은 0.1퍼센트 수익이지만, $100,000 투자에 대해서는, 그것은 1,000퍼센트 수익이다. 따라서, 만약 $10억이 대신 1,000퍼센트 수익으로 더 작은 사업들에 투자된다면, 그것은 총이윤으로 $100억을 발생시킬 것이다. 그것은 큰 투자의 이윤의 만 배이다.

는 것을 더 쉽게 한다. 그것은 기업가가—그리고 그 기업가의 사업에 대한 투자자들이—모든 점에서 다른 대안들을 비교할 수 있다는 점을 의미한다. 예를 들면, 새 항공사는 비행기들을 획득하고, 승무원들을 고용하며, 공항들에 접근하는 데 막대한 자본 투자가 필요할 것이지만, 새로운 잔디 깎기 서비스는 훨씬 더 작은 초기 투자를 요구한다. 그러나 더 큰 투자가 여전히 훨씬 더 높은 수익률을 제공할 것으로 기대되기도 하는데, 이것은—비록 그것이 훨씬 더 많은 자본을 요구한다고 할지라도—그것이 경제적으로 더 합리적이라는 점을 의미한다.

우리가 논했듯이, 시장 이윤들은 소비자 가치와 상관관계를 가지고 있다. 투자는 더 높은 수익을 버는데, 소비자들에 대한 그것의 더 큰 가치 *때문이다*. 이것은 행해진 투자들이 가능한 한 높은 수익을 번다면 우리가 모두 상태가 더 나아진다는 점을 의미한다.

더 높은 수익률은 또한 기업가가 투자 자본을 더 쉽게 빌릴 수 있다는 점도 의미한다. 결과적으로, (항공사 같은) 매우 자본 집약적인 사업들은 비록 그것들이 매우 비싸다고 할지라도 필요한 자금을 선급으로 얻을 수 있다. 그리고 기업가는 자본 비용이 가치가 있는지를 쉽게 계산할 수 있다. 예를 들면, 만약 사업의 수익이 7퍼센트일 것이고 은행으로부터 대출금을 5퍼센트 이자에 얻을 수 있다면, 기대 순이득은 2퍼센트이다. 그것은 기업가가 또한 이 순 2퍼센트를, 예를 들어, (잔디 깎기 서비스 같은) 훨씬 덜 자본 집약적인 투자가 벌 것과 비교할 수도 있다는 점—설사 그때는 그가 외부 자금이 필요하지 않을지라도—을 의미한다. 만약 잔디 깎기 서비스가 4퍼센트의 순수익을 제공할 것으로 기대된다면, 기업가는 항공사를 시작하기로 선택하지 않을 것이다. 그것의 수익률은 그가 자기의 잔디 깎기 서비스로부터 벌 수 있는 것의 그저 반일 뿐(4퍼센트 대신 2퍼센트)이다.

그러나 이자율이 단지 1퍼센트뿐인 경우를 상상해 보자. 이제 항공사의 수익은, 그밖에 어떤 것도 바뀌지 않았다고 할지라도, 잔디 깎기 서비스의 수익보다 *50퍼센트 더 높다*.[2] 이 상황에서는, 우리는 기업가들이 잔디 깎기 서비스들보다 항공사들을 시작할 것으로 예상할 것인데, 왜냐하면 그것이 – 투자에 대해 대출금을 받는다고 할지라도 – 그들이 더 많은 돈을 벌 곳이기 때문이다. 항공사를 시작하는 데 더 많은 생산적인 자본이 필요하지만, 이것은 더 낮은 이자율에서는 문제가 아니다.

만약 수익률 사이 차이가 충분히 크다면, 우리는 또한 기업가들이 자기들의 잔디 깎기 서비스를 팔거나 중단하고 대신 항공사와 기타 더 자본 집약적인 기업들을 운영하는 것을 볼지 모른다. 이것은 적절한 경제화 투자 이동일 것인데, 왜냐하면 항공 산업이 (그것의 더 높은 수익률에 반영되는) 더 많은 기대 가치를 소비자들에게 제공하기 때문이다. 기존 자본은 그것이 소비자들을 위해 가장 생산적으로 사용될 수 있는 곳에 투자될 것이다.

더 높은 수익률은 더 낮은 비용 때문뿐만 아니다. 그것은 또한 더 높은 가치 창출의 결과일 수도 있다. 더 낮은 비용과 더 높은 가치 창출은 양쪽 다 그 수익률을 증가시킬 수 있고 그 반대도 마찬가지다. 투자 결

---

[2] 잔디 깎기 서비스의 수익은 여전히 4퍼센트이지만, 항공사의 기대 수익률은 이제 7퍼센트 빼기 1퍼센트의 자본 비용이다. 그것은 잔디 깎기 서비스보다 50퍼센트 더 많다(6% / 4% = 150%).

정을 할 때 중요한 것은 필요한 투자에 대비한 기대 순이익이다.

그러나 설사 사업들의 기대 순수익률들이 똑같다고 할지라도, 그것들의 경제 상황들이 같지는 않을지 모른다. 이것은 시장이 빚장을 낮춤으로써 행위자들에게 능력을 주는 방식의 또 하나의 예이다: 기업가는 투자하기 위해 수익률이 높은 *이유*를 알 필요가 없다. 그러나 우리가 경제를 이해하려고 할 때 그것은 차이를 가져온다. 예를 들면, 이자율이 5퍼센트일 때, 항공 여행에의 고도로 자본 집약적인 투자들에 대한 11퍼센트 기대 수익은 그것들의 순수익을 잔디 깎기 서비스들에 대한 4퍼센트 수익보다 50퍼센트 더 높게 만든다.

그러나 경제는 다르다. 11퍼센트 수익과 5퍼센트 이자율의 경우, 높은 수익률은 높은 기대 가치 창출 때문이다. 높은 이자율은 자본이 부족하다는 점을 암시하고, 이것은 은행들이 높은 이자율을 부과할 수 있는 이유이다. 투자들 ― 과 그러므로 자본 ― 을 끌어들이기 위해서, 항공사들은 더 많은 가치를 창출할 것이 기대된다. 우리는 이것을 위에서 보았다: 항공사들의 수익률이 단지 7퍼센트뿐이었을 때, 잔디 깎기 서비스들이 더 높은 순수익률을 벌었다. 항공사들의 수익률이 11퍼센트로 상승했을 때, 잔디 깎기 서비스들은 항공사들보다 더 낮은 순수익률을 벌었다. 그때 투자자들은 자기들의 화폐를 잔디 깎기 서비스들과 기타 투자들로부터 끌어모아 더 높은 이윤을 벌기 위해 그것을 항공사들에 넣도록 유인이 제공되었다. 이 행동은 이미 사용되고 있는 자본을 더 나은(더 가치 창출적인) 용도들로 이동시킨다: *똑같은* 자원들을 사용하여 더 많은 가치가 산출됨에 따라 소비자들이 이득을 본다.

7퍼센트 수익과 1퍼센트 이자율의 경우, 이자율이 더 낮아지는데, 왜

나하면 투자들을 위해 이용할 수 있는 자본이 *더 많이* 있기 때문이다. 이용할 수 있는 자본이 더 많이 있는데, 왜냐하면 사람들이 덜 쓰고 대신 미래를 위해 저축하기로 선택했기 때문이다. 그래서 소비재의 생산도 역시 떨어진다. 그러므로 경제는 이미 진행 중인 것들에 추가하여 *더 많은* 투자를 지원할 수 있다. 소비자들은 더 많은 자본이 (미래에 이용될 수 있을) 재화들을 생산하는 쪽으로 투자됨에 따라 이득을 얻는다. 더 낮은 이자율은 사용되지 않은 자본이 이용될 수 있게 하는데, 비록 이것이 다른 생산 분야들로부터의 이동을 배제하지 않는다고 할지라도 그렇다. 추가된 투자들은 경제의 전반적인 산출을 증가시킨다.

수익률은 그저 투자의 부가 가치의 표시일 뿐이다. 이 수익률이 비용 변동들(더 낮은 이자율) 때문에 변하는지 아니면 가치 변동들(더 높은 기대 탑승권 매상고) 때문에 변하는지는 중요하지 않다. 기업가에게 중요한 것은 기대 수익률인데, 이것은 경제에 부가되는 상대 가치에 가까워진다. 더 높은 가치 생산과 더 낮은 생산 비용 양쪽 다 소비자들에게 이익이 된다.

인위적 호황의 원인과 본질

이자율이, 위에서와 같이, 5퍼센트에서 1퍼센트로 떨어지지만 투자하는 데 이용될 수 있을 더 많은 자본이 없다고 상상해 보자. 그것이 어떻게 일어날 수 있을까? 만약 은행들이 새로운 통화를 창출하고 그것을 대출금으로 제공한다면, 그들이 부과하는 이자율들은 경쟁적으로 다투어 내려져, 시장 이자율을 그것이 그렇지 않으면 있을 곳 아래로(예를 들면, 5퍼센트 대신 1퍼센트로) 밀어 내릴 것이다. 그러나 이것은 서로 다른 경제 상황의 문제가 아니다-기업가들이 자기들의 생산 사업을 시작해서 완료하는 데 필요한 자원들을 사기 위해 이용할 수 있는 더 많은 자본이 없고, 대출금의 형태로 그저 더 많은 화폐만 있다. 그래서, 기업가들이 경제 계산을 위해 의지하는 이자율 신호는 *인위적*으로 (artificially) 낮다. 그러므로 그들의 결정들과 행동들은 이 그릇된 신호에 기초할 것이다.

위에서와 같이, 더 낮은 이자율은 더 많은 투자를 의미한다. 우리의 예에서, 기업가들은 새 항공사를 창설(하고 기존 항공사의 운영을 확대)할 것인데, 이 산업이, 상대적으로 말해, 더 이문이 남는 것 같기 때문이다. 빌린 구매력(새 화폐)을 가진 기업가들이 시장에 흘러 들어가고 새로운 생산을 확립하려고 시도함에 따라, 그들은 자본 수요를 증가시키고 가격들을 다투어 올린다. 이 투자들이 주로 자본 집약적 항공 산업에서 일어나므로, 특히 비행기, 승무원, 그리고 이 산업에서 사용되는 다른 자원들의 수요가 증가한다. 따라서 비행기들의 가격표들이 더 높아지고, 항공사 종업원들, 조종사들, 그리고 승무원들은 더 높은 봉급을 벌 것이다.

자기 고객들[항공사들]의 증대하는 지급 의향은 비행기 제조업자들에게 자기들의 생산을 늘리도록 신호한다. 제조업자들이 알루미늄과 기타 재료들을 주문하고, 더 많은 기술자를 고용하기 시작함에 따라, 그런 자원들에 대한 그들의 입찰은 그것들 각각의 가격도 역시 증가시킨다. 이것은 투자 호황을 일으키고, 가격들은 생산 단계들, 즉 항공사, 그다음 비행기 제조업자, 그다음 알루미늄 생산자, 그다음 광산업자에 걸쳐서 올라간다. 각 단계는 수요 증가를 경험하는데, 이것은 생산자들이 더 높은 가격을 부과하고 더 높은 이윤을 벌 수 있다는 점을 의미하고, 이것은 그들에게 자기들의 운영을 더 확대하도록 동기를 부여한다. 이 조건들은 또한 다른 기업가들에게 이 산업들에 투자하여 그 이윤들의 일부를 손에 넣도록 동기를 부여하기도 한다. 이 증가한 투자들은, 그 신호들을 고려하면, 모두 적절하다: 가격들이 올라가서, 공급이 부족했음을 암시한다; 생산자들이 수요를 과소평가했다.

지급할 의향과 능력이 더 있는 새로운 그리고 확대하는 항공사들은 그런 자원들의 다른 사용자들을 경쟁에서 이긴다. 청량음료 생산자들 같은 다른 상업적 알루미늄 사용자들은 더 높은 가격과 더 낮은 이용가능성에 직면하는데, 이것은 그들의 이윤 폭에 영향을 미친다. 더 높은 가격에 대응하여, 이 생산자들은 자기들의 계획을 재평가해서 자기들의 알루미늄 사용을 절약하고 대안들을 고려한다. 그 결과, 청량음료 가격들이 올라갈 수 있든지 청량음료들이 알루미늄 깡통 대신 유리나 플라스틱 용기로 나타나기 시작할지 모른다.

청량음료 생산자들이 이용할 수 있었을 알루미늄이 비행기 제조 쪽으로 돌려지고 있다는 점은 그것이 보일지 모르는 만큼 무리하지는 않다. 이것은 알루미늄이, 시장의 가격 신호들에 따라, 소비자들을 위해 최대의 가치를 창출해야 하는 곳이다.[3] (우리가 제7장에서 보았듯이)

---

[3] 우리의 예는 청량음료 생산자들이 생산을 확대할 충분한 (더 높은) 수요를 예상하지 않는다고 가정하지만, 만약 그들이 예상한다면, 그들도 역시 더 낮은 이자율을 이용하여, 예를 들어, 자동화를 통해 산출을 확대하는 데 투자할지 모른다. 이것은 더 높은 생산 단계들에 대한 수요를 더욱더 증가시킬 것인데, 비행기 제조업자들과 청량음료 생산자들 양쪽 다가 더 많은 알루미늄을 얻도록 입찰하기 때문이다.

우리는 기업가들이 소비자들을 만족시키기 위해 경쟁함에 따라 적합한 시장 가격들이 생산을 그것이 가장 도움이 되는 곳으로 이동시킬 것으로 예상할 것이다.

그러나 문제가 있다: 비행기 생산에서 더 높은 가격들은 ─ 더 큰 자본 이용 가능성이 아니라 ─ 은행들이 새로운 화폐를 창출하고 신용을 확대하여 일어난 인위적으로 낮은 이자율에서 생긴다. 그러므로, 비행기 생산을 지원하기 위해 이루어진 모든 투자를 포함하여 이 생산 쪽으로 가고, 그러므로 상대적으로 덜 이문이 남는 것 같은 다른 생산 분야들*에서 떠나는*, 경제에서 전(全) 이동은 과오 투자를 구성한다.

과오 투자(malinvestment)는 투자들이 구조적으로 왜곡되어 있다는 점을 의미한다: 경제의 어떤 영역들은 과잉 투자를 경험하지만, 다른 것들은 과소 투자를 경험한다. 항공사들에서 과잉 투자는 또한, 더 높은 수요의 기대들을 충족하도록 의도된, 비행기 제조, 알루미늄 생산, 그리고 채광에서 과잉 투자를 의미하기도 한다. 이 투자들은 (항공 여행의 더 큰 예상 가치에 기인하는) 더 큰 항공 여행 수요의 기대를 충족시키도록 생산 능력을 증가시키기 위해 이루어진다. 더 높은 수요를 예상해서 투자들이 치솟고 가격들이 올라감에 따라, 이 산업들은 호황을 경험한다.

바로 이 산업들은, 적어도 우리의 예에서는, 또한 생산적인 자본의 더 큰 이용 가능성 때문에 이자가 떨어졌을 때도 똑같은 방식으로 확대했다. 차이점은 이 새로운 확대[인위적인 확대]가, 쉽게 이용될 수 없고 오히려 소비자 수요가 대개 변하지 않은 채로인 다른 산업들로부터 이동되고 있는, 자원들을 사용하고 있다는 점이다. 그러므로 그 변화는 소비자들이 소중히 여기는 것에서의 기대 변화들에 대응하여 경제가 한 생산 분야로부터 다른 생산 분야로 이동하는 문제가 아니다. 대신, 기업가들이 인위적으로 더 낮은 이자율에 자극되어 새로운 생산 분야들을 수립함에 따라 *전반적으로*(overall) 생산적인 자본과 노동에 대한 더 큰 수요가 있다.

   소비자 가치의 시각에서는, 이 호황은, 그릇된 신호에 반응하여, 항공사들에 대해서와 항공 여행 확대를 지원하는 더 높은 단계 생산 과정들에 대해서 행해지는 과잉 투자로 인해, *그리고*, 그 결과, 다른 생산 분야들에 대한 상대적인 과소 투자로 인해, 일어난다. 신용 확대로 일어나는 이 같은 인위적 호황들은 일반적으로 더 긴 생산 사업들에서 일어날 수 있다. 그러한 전반적인 과오 투자들은 경제의 생산 장치를 왜곡한다: 산출물들은 (기업가들이 상상하는) 소비자들이 가장 원하는 것과 더는 조정되지 않는다.

전환점

호황은 지속 불가능한데, 왜냐하면 그것이, 경제가 빠르게 성장해서가 아니라, 대개 *과오* 투자들로 구성되어 있어서다. 소위 경기 순환(business cycle)은 지속 불가능한 호황 뒤에 불가피한 불황―다음에 터지는 거품―이 연속으로 이어지는 것이다. 이것은 한 경제의 건전한 진행과 다르다. 그 둘을 대조하는 것이 도움이 된다.

   첫째, 지속 가능한 성장을 고찰해 보자. 우리는 위에서 이자율이 생산적인 투자를 위한 자본의 이용 가능성을 반영한다는 점을 보았다. 더 많은 자본이 이용될 수 있게 될 때, 이자율은 떨어지고, 그 반대도 마찬가지다. 구체적으로 말하면, 소비자들이 덜 간절히 현재에 재화를 사서 소비하고 싶어 하고 자기들 부의 더 큰 부분을 미래를 위해 저축하기를 선호할 때 이것이 일어난다. 그들의 *시간 선호*(time preference)는 더 낮은데, 이것은 그들이 자기들의 평가에서 더 긴 시평(時平; time horizons)을 가지고 있다는―그들이 이전보다 더 미래에 기대한다는―점을 의미한다. 그 결과, 소비재들을 생산하는 기업가들은 떨어지는 수요와 더 낮은 수익성에 직면하고, 그러므로 자기들의 운영을 축소하고 다른 기회들을 찾을 유인을 가진다. 그들 중 약간은 도산할지 모른다. 그 결과, 기업가들은 전반적으로 소비재들의 생산과 판매를 줄인다.

 이것은 생산적인 자본을 새로운 투자들을 위해 해방하고, 이 투자들은 이제 실행할 수 있고 더욱더 이문이 남는데, 증대된 저축으로 이자율이 내려가지 않을 수 없기 때문이다. 그래서 기업가들은 미래에 팔 수 있을 재화들을 생산하는 생산 과정들에 더 많이 투자한다. 전반적으로, 이것은 생산 능력을 현재 소비를 위한 생산에서 떠나서 미래 소비를 위한 생산으로 이동시킨다. 기업가들은 가격 신호들에 반응하고 있고, 낮은 수익성을 가진 생산을 포기하고 미래를 위한 생산에서 더 높은 기대 수익률들을 추구하고 있다. 이것은 소비자들이 덜 소비하고 더 많이 저축하는 것과 아주 일치한다(그들은 소비를 연기하고 있다). 사실상, 생산에서 이동은 생산을 그것이 소비자들을 위해 더 큰 편익을 산출할 것으로 기대되는 곳에 적응시키는 문제이다.

 지속할 수 없는 호황은 다르다. 여기에서, 기업가들은 인위적으로 낮추어진 이자율에 기초하여 미래 소비를 위한 생산에의 투자들을 증가시킨다. 바꿔 말하면, 소비자 행동에서 상응하는 이동이 없었다—대신, 더 낮은 이자율은 소비자들을 덜 간절히 저축하고 싶어 하게 만들고 (그들은 자기들의 연기된 소비에 대해 더 낮은 이자를 번다) 따라서 현재에서 소비를 부추긴다. 이것은, (올라가고 있는) 현재 소비에 봉사하는 생산과 (올라갈 것으로 기대되는) 미래 소비에 봉사하는 투자들 사이, 생산 구조에서 긴장을 일으킨다.

한편, 현재 소비를 위해 생산하는 기업가들은 수요 하락을 경험하지 않는데, 왜냐하면 소비자들이 소비하는 것에서 떠나 이동하지 않았기 때문이다. 그들 제품들의 수익성은 떨어지지 않고 있는데, 그래서 그들이 왜 자기들의 활동을 줄일까? 따라서, 이 기업가들은 투입물들을 얻으려고 계속해서 경쟁하고 그것들을 계속해서 주문한다.

동시에, 더 낮은 이자율은 미래 생산을 위한 투자들의 증가를 일으킨다. 더 높은 생산 단계들은 그것들이 현재의 소비자들에 봉사하는 생산 과정들*과* 미래의 그들에 봉사하도록 착수되는 그것들 양쪽 다로부터 주문을 받음에 따라 매우 증가한 수요를 경험한다. 이 모든 것이 그릇된 신호에 기초해 있음을 기억하라. 이용할 수 있는 자본이 더 없고 훨씬 더 많은 구매자가 있으므로, 가격들은 매우 높은 수준으로 다투어 올려진다. 이것은 때때로 자산 가격 거품(asset price bubble)이라 불린다.

비록 새로운 미래 지향적인 것들과 옛날의 현재 지향적인 것들 사이 경쟁이 좋은 것 같을지 몰라도, 그릇된 신호는 경제를 서로 다른 방향으로 끈다. 생산 요소들의 가격은 더 높은 생산 단계들(우리의 예에서는, 비행기, 알루미늄, 채광)에 대한 과잉 투자의 결과로서 다투어 올려진다. 이 가격 증가들은 그릇된 신호에 기초해 있고 그러므로 항공 여행의 진정한 기대 미래 수요에서 떨어져 있다. 이 가격 증가들은 이 단계들에서 근로자들 임금을 포함하는데, 그러면 이들은 현재 소비에 쓸 더 많은 화폐를 가진다. 인위적으로 낮추어진 이자율을 가지고는, 소비를 미룰 유인이 더 적다. 그러므로, 지금 호황 때문에 또한 더 높기도 한 번 임금들의 더 큰 부분은 소비재에 쓰인다―그래서 현재의 재화 수요를 증가시키기도 한다.

요약하자면, 지속 가능한 성장은 소비자 행동에서의 이동, 즉 자본을 더 높은 생산 단계들에서의 투자에 이용할 수 있게 하는 현재의 소비 수요 감소로 일어나고 지원된다. 대조적으로, 지속할 수 없는 호황에서는, 이동이 없고, 오히려 추가적인 생산적인 자본이 없는 *추가*(added) 투자들이 있다. 따라서, 생산 구조는 현재*와* 미래 양쪽 다에서 더 높은 소비재 수요를 반영하는데, 이것은 이 모든 새로운 생산 사업을 완성하는 데 이용할 수 있는 충분한 자본재가 있다는 가정에 기초해 있다. 이것을 표현하는 또 하나의 방식은 경제가, 인위적으로 낮은 이자율에 속고 오도된 기업가들의 행동을 통해, 이용할 수 있는 자본을 소비할 뿐만 아니라 투자도 한다는 것이다. 이것이 가능하지 않다는 점은 명백할 것이다. 양쪽 다를 지원할 만큼 충분한 생산적인 자본은 없다.

따라서 지속할 수 없는 호황은, 존재하지 않는 자원들을 요구하는, 생산에 기초해 있다. 그런 생산 과정의 다수는, 특히 (소비자들로부터 면) 더 높은 차수(次數)에서는, 완성될 수 없는데, 왜냐하면 필요한 자본이 너무 부족하기 때문이다. 이것은, 비록 부족이 일어날지 몰라도, 공장들이 갑자기 자원들이 없게 된다는 점을 의미하지는 않는다. 가능성이 더 크기로는, 자산 가격들이 아주 높은 수준으로 다투어 올려져 많은 투자가 더는 이문이 있어 보이지 않을 것이다. 그러면 기업가들은 자기들의 계산에서 중대한 실수를 저질렀음을 발견하고서 자기들의 투자를 포기하지 않을 수 없다.

  기업가적 실수가 시장에서 흔하지만, 그 실수들이 보통은 호황-불황 순환들을 일으키지는 않는다. 경기 순환에 고유한 것은 동시적인 기업가적 실수들의 거대한 *무리*(cluster)가 있다는 점이다. 그 이유는, 우리가 위에서 보았듯이, 기업가들이 마치 그들의 생산 사업들에 이용할 수 있는 자본이 있는 것처럼 행동하도록 오도되었다는 점이다. 그러나 [자본은] 없다. 자본의 이용 가능성이 아니라, 신용의 확대가 이자율을 투자를 위한 자본의 실제 이용 가능성을 반영하지 않는 수준으로 낮추었다.

  이것은 기업가들이 왜 자신을 속게 내버려 두느냐 하는 질문을 제기한다. 그들은 이자율이 인위적으로 낮다는 점을 깨닫지 못하는가? 아마도 그들이 깨닫고 있을 것이다. 그러나 이것이 중요하지는 않은데, 왜냐하면 그들은 더 낮은 차입 비용으로부터 여전히 이익을 얻을 것으로 기대하기 때문이다. 그들이 이문이 있을 것으로 기대하는 사업들을 그들이 왜 추구하지 않을까? 설사 그들이 경기 순환 이론을 잘 알고 있고 경제가 거품 속에 있다는 점을 알고 있다고 할지라도, 그 거품은 사실상 대단히 이문이 있다. 거품이 팽창할 때 자기 사업을 확대하지 않는 것은 이윤을 거절하는 것과 유사하다. 이것은[이윤을 거절하는 것은] 큰 문제인 것 같이 들리지 않을지 모르지만, 사업의 투자자들은 아마도 다르게 느낄 것이다. 또한, 경쟁자들이 이윤을 거절할 것으로 기대될 수 없고, 그래서 비(非)행동은 그들에게[경쟁자들에게] 그들의 시장 점유율을 확대하게 허용할 수 있을 것이다. 그 결과, 거품 동안 확대하지 않는 것은 자기 사업을 거는 것이다.

또한 거품 동안 기업가들이 유입하는 문제도 있다. 가격들이 오름에 따라, 더 많은 사람이 이윤을 벌 기회－와 자기들의 현재 직업을 떠날 이유－를 경험한다. 따라서, 호황은 그렇지 않으면 투자자로서 시장에 들어가지 않을 사람들을 유혹한다. 그들의 경험 부족은 그들이 더 실수를 저지르기 쉽고 그리하여 전반적인 과오 투자에 이바지한다는 점을 암시한다.

교정적 불황

불황은 곧 온다. 비록 거품 자체는 발견하기 쉬울지 몰라도, 그것이 정확히 언제 터질지 예측하기는 어렵다. 실제 전환점은, 특정 과오 투자들에 추가적인 중압을 가하고 그것들이 실패하게 하는, 외관상 관계없는 사건들로 유발될 수 있다. 높은 수요지만 확고하게 높은 가격들로 생산 장치가 이미 혹사당하므로, 하나의 쇠약해 가는 기업은 자기의 고객들과 공급자들을 쉽게 쇠약하게 할 수 있고, 제공되는 서비스들에 대해 후자들은 더는 보수를 받기를 기대할 수 없다. 이것은, 경제에서 과오 투자들의 정도를 드러내는, 억수 같은 도산을 일으킨다.

실패하는 투자, 그리고 그 결과 실패하는 기업과 상실되는 일자리 대부분은 불황이다. 그러나 불황이 별개의 현상이 아님을 주목하라: 그것은 이미 호황에 박혀 있고, 호황의 투자들은 지속될 수 없다. 이것은 우리가 호황-불황 연속을 순환으로 부르는 이유이다. 호황을 일으키는 과오 투자들은 경제가 정상으로 돌아오기 위해서는 취소되어야 한다. 호황이 건전한 발전이고 불황을 피할 수 있다는 점은 사실이 *아니다*; 호황은 진정한 경제 성장이 아니고 환상이다. 소비자들은 그밖에 어떤 것을 기대했다. 기업가들은, 진정한 가치 기대들로 자극되지 않고 자본 이용 가능성의 오염된 신호인 인위적으로 낮은 이자율로 촉진되는, 투자들을 했다.

불황은 소비자들에게 봉사하지 않는 과정들에 과오 투자된 자본재들을 풀어놓는데, 그것들이 더 도움이 될 수 있는 곳에 그것들이 투자될 수 있게 하기 위해서다. 바꿔 말하면, 다른 기업가들이 소비자 가치를 추구하기 위해 자본을 획득할 기회를 얻는다 ─ 실패들은 과오 투자들이 드러나고 그다음 건전한 생산적인 투자들로 대체되는 데 필요하다.

그러나 불황이 건전한 생산을 회복하기 위해서는, 이자율이 증가하는 것이 허용되어야 한다. 만약 그것이 인위적으로 낮게 유지되면, 이것은 교정 과정을 그저 연기하기만 할 것인데, 새로운 기업가들도 역시 오도될 것이고 그러므로 구조적 실수들이 지속하기 때문이다.

9 규제적 개입

규제들(regulations)이라는 말로, 우리는 정부에 의해 경제에 부과된 제한들, 즉 금지, 면허 요건, 품질 혹은 안전 기준, 가격 통제, 할당, 그리고 보조금, 기타 등등을 의미한다. 비록 그것들이 세부 사항에서 그리고 그것들의 공인된 목적에서 다를지라도, 그것들은 모두 경제에서 변화를 유발하도록 집행된다.

만약 규제들이 아무것도 바꾸지 않는다면, 그것들은 비효과적이다. 이것은 특정 제한들이 적용 불가능하거나 그것들이 시행되지 않기 때문이다. 그러나 요점은 모든 규제가 어떤 변화를 부과하도록 *의도되고* (intended) 그것들이 오직 그런 경우와 정도로만 그것들이 중요하다는 점이다. 의도된 결과를 낳는 데 성공하건 않건, 효과적인 규제들은 행동들과 그러므로 경제 구조를 바꾼다.

어떤 규제들은 생산자들에게 부과되지만, 다른 것들은 소비자 행동을 목표로 삼는다. 전자는 어떤 생산자들에게 추가적인 비용이나 금지를 부과하거나 다른 생산자들의 비용을 인위적으로 낮출지 모른다. 그 목적은 착수되는 생산 사업들의 유형들과 그러므로 소비자들이 이용할 수 있게 되는 재화들을 바꾸는 것이다. 후자는 소비자들의 행동을 바꾸려고 시도하고, 이것은 그다음에는 생산자들에게 영향을 미치는데, 왜냐하면 그들이 변화된 수요 본질과 구조에 반응해야 하기 때문이다. 그러므로 양 경우 다, 그 결과는 경제의 생산 구조에서의 변화이다.

우리는 소비자 욕망을 충족시킴으로써 이윤을 얻으려고 시도하는 기업가들에 의해 생산 구조가 결정된다는 점을 안다(제5장). 따라서, 규제들이 효과적으로 되기 위해서는, 그것들은 기업가들의 행동에 영향을 미쳐야 하고 그들이 어느 생산 사업들에 착수하기로 선택하는지를 바꾸어야 한다. 관찰할 수 있는 결과(*보이는*(seen) 것), 결과적으로 일어나지 않은 것(반(反)사실적 혹은 *보이지 않는*(unseen) 것), 그리고 더 장기적인 효과들(*실현되지 않는*(unrealized) 것)은 규제들의 영향을 이해하는 열쇠이다.

보이는 것

관찰할 수 있는 세계는 규제의 효과들을 분석하는 명백한 출발점이지만, 그것은 또한 오해하게 할 수도 있다. 그것은 명백한데, 왜냐하면 그것은 우리가 보고 측정할 수 있는 것이기 때문이다. 그러나 그것을 연구하는 것은 또한 실수들과 시기상조의 결론들에 이르기도 하는데, 왜냐하면 실제 경제-그것의 *자료*-가 규제의 효과들에 관해 간단한 사실들을 제공하는 것 같을지라도, 그것이 실제로는 그렇게 하지 않기 때문이다.

새롭게 부과된 규제가, 일어나는, *유일한* 변화인 세계에서는, 우리는 전과 후의 경제 상태를 쉽게 비교하고 그리하여 그것의 효과를 평가할 수 있을 것이다. 그러나 시장이, 끊임없이 변하는, 과정이므로, 규제는 단연 유일한 변화가 *아니다*-그것은 시장의, 계속 진행 중인, 전개와 진화에 대한 짐이다.

시장에서 가격 하한을 규정하는, 최저 임금을 부과하는 사례를 고찰해 보자. 그러한 규제가 효과적으로 되기 위해서는, 그것의 규정 임금은 고용주들이 이미 지급하는 것보다 더 높아야 한다. 만약 시장 임금이 시간당 $10이면, 최저 임금은 고용주들이 어떤 더 높은 금액을 지급할 것을 요구해야 한다 - 그것은 규정된 임금보다 더 낮은 임금에 대해 벌금을 부과하거나 그 임금을 고용주들이 지급하는 것을 금지하여야 한다.

부과된 최저 임금이 고용주들이 시간당 $14를 지급하도록 요구한다면, 그것은 공개 시장에서 임금이다. 그밖에 어떤 것도 불법일 것이다. 따라서 전과 후의 비교들은 최저 임금의 부과 후에 사람들이 더 많은 돈을 버는 것 같게 만들 것이다. 그러나 그들이 더 많이 버는가? 이것을 알아내기 위해, 우리는 만약 최저 임금 요건이 부과되지 않았더라면 상황이 어떠했을까 - 반사실적인 것, 혹은 보이지 않는 것 - 도 또한 고찰해야 한다.

보이지 않는 것

"보이지 않는" 것은 그 이야기의 "다른 측면" - 그렇지 않았더라면 일어났을 것 - 을 나타낸다. 그것이 일어나지 않으므로, 우리는 그것을 측정할 수 없다. 그렇지만 그것은 어떤 행동이나 선택이든 그것의 비용이다. 만약 내가 저녁 식사로 스테이크를 선택하면, 나는 대신 내가 가졌을 모든 다른 가능성을 포기한다. 그 가능성 중 가장 높은 가치는 그 선택의 경제적 비용이다 – 대체 관계에 있는 것은 포기된 가치이다.

반사실적인 것이 없이는, 우리는 오직 가정된 편익만 보고 비용을 고찰하지 못한다. 따라서, 분석은 한쪽으로 치우치게 되고, 우리가 중요한 어떤 것을 빠뜨리는 위험을 무릅쓴다. 우리는 또한 그것이 좋은 선택인지 나쁜 선택인지 결정할 수 없기도 하다. 그것은 *가치가 있었는가* (worth it)? 우리는 이 질문에 답하기 위해 비용을 알 필요가 있다.

이것은 또한 위 예에서의 최저 임금 같은 규제들에도 적용된다. 최저 임금의 전형적인 목적은 근로자들의 임금을 올리는 것이다. 오직 보이는 것만 고찰하는 것은 규제가 성공적인 것 같게 만들 것인데, 왜냐하면 최저 임금이 부과된 후에는 시간당 $14 미만을 버는 사람이 아무도 없을 것이기 때문이다. 이것은 시기상조의 결론일 것인데, 왜냐하면 우리가 보이지 않는 것을 아직 고찰하지 않았기 때문이다.

따라서 우리는 그 최저 임금이 부과되지 않았더라면 무슨 일이 일어났을지 질문해야 한다. 최저 임금이 마법적으로 임금을 올리는 것이 아니라 고용주들을 강제하여 어떤 사람도 규정된 임금 미만으로 고용하지 않게 한다는 점을 인식하는 것이 중요하다. 이것은 근로자들의 임금을 올리는 것과 같은 것이 아니다.

최저 임금이 부과되기 전에 세 고용인을 가지고 있는 한 고용주의 예를 고찰해 보자. 그들은 각각 시간당 $7, $10, 그리고 $16을 받는다. 그들이 서로 다른 임금을 받는 이유는 고용주에 대한 그들의 가치 공헌이 같지 않기 때문이다. 시간당 $7을 받는 근로자는 그 일을 배우면서 직업 훈련 중인데, 이것이 낮은 임금을 설명한다. 일단 훈련받고, 고용주에게 더 소중하게 되면, 그 고용인은 미래에 더 높은 임금을 벌 것으로 기대할 것이다. $16을 받는 근로자는 그 고용주의 생산 분야에 특별히 중요한 독특한 기술 집합(skillset)을 가지고 있어서, 그의 공헌을 더 크게 한다. 이 근로자는 만약 그가 더 적게 받으면 다른 곳에서 쉽게 일자리를 얻을 수 있을 것이다. $10을 버는 근로자는 일자리 경험을 넘어서 특별한 전문 지식을 가지고 있지 않고 그러므로 정규직 근로자들에 대한 시장 임금을 버는데, 이것은 생산 과정에서 그의 가치 공헌과 잘 맞는다.

고용주는 이 근로자 중 누구에게도 그들의 가치 공헌 이상 지급하고 싶어 하지 않을 것이다. 그들은 창출된 가치에 이바지하기 때문에 고용되지, 그것을 감하기 때문에 고용되는 것이 아니다. 그들에게 그밖에 어떤 것이든 지급하는 것은 자선－생산이 아니라, 소비－일 것이다. 근로자들도 역시 자기들의 가치 공헌 미만을 벌지 않는데, 왜냐하면 만약 그들이 그렇게 한다면, 다른 고용주들이 그들을 더 높은 임금에 유리하게 고용할 수 있을 것이기 때문이다.

이제 시간당 $14 최저 임금이 부과된다고 가정해 보자. 이것은 고용주가 누구에게든 시간당 $14 미만을 지급하는 것이 더는 허용되지 않는다는 점을 의미한다. 고용주는 훈련 중인 근로자의 임금을 두 배로 하고 시간당 $10 근로자의 임금을 거의 반만큼 올릴지 결정해야 한다. 이미 시간당 $16을 버는 세 번째 근로자는 직접 영향을 받지는 않는다. 고용주는 훈련 중인 근로자를 해고할 것 같은데, 왜냐하면 그의 생산성은 정규직 근로자의 그것보다 더 낮－지만 그의 가격은 이제 같－기 때문이다.

고용주는 $10 근로자의 임금을 그저 올리기만 할 여유가 없는데, 왜냐하면 그의 가치 공헌은 $10 이상이지만 $14 미만이기 때문이다. 그러나 생산 과정을 비틀고, 수당들을 깎으며, 오후 커피 시간 같은 다른 특전들을 폐지함으로써, 이 근로자는 더 높은 $14 임금에서 유지될 수 있다. 적어도 현재로는.

그러므로 보이는 것은 이 고용주가 규제가 시행되기 전에는 시간당 $11의 평균 임금을 지급했고 후에는 $15를 지급했다는 점이다. 명백한 이득이다! 규제가 작동했다. 그것은 근로자들의 임금을 마법적으로 올렸다.

그러나 보이지 않는 것은 다른 그림을 그린다. 만약 경제에서 노동자 생산성이나 기업의 수익성을 바꿀 어떤 일도 일어나지 않았더라면, 시간당 총 $33에 세 근로자가 고용되어 있을 것이다. 지금은 대신 시간당 총 $30에 두 근로자가 있다. 또한, [둘 중] 저임금 고용인은 자기의 더 높은 임금을 정당화하기 위해 지금 더 힘들게 일하고 있다.

부과된 규제는 가치가 있었는가? 경제학은 이 질문에 답할 수 없는데, 왜냐하면 그것은 가치 판단이기 때문이다. 그러나 그것은 규제의 결과를 확인할 수 있고, 그러므로, 규제가 근로자들의 임금을 올린다는 자기의 약속을 완수했는지를 보여준다(그것은, 한 근로자에 대해서는 완수했지만, 그것은 또한 다른 근로자가 해고되는 것으로 끝나기도 했다).

그 이야기에는 더 많은 것이 있는데, 왜냐하면 보이는 것과 보이지 않는 것이 오직 현재의 효과들만 고찰하기 때문이다. 그러나 우리가 지금 알고 있듯이, 경제는 과정이―고 우리가 오늘 살고 있는 세계는 미래에 대해서도 함의를 가지고 있―다.

실현되지 않는 것

시장이 과정이라는 점을 이해하는 것은 보이는 것과 보이지 않는 것을 넘어서 경제에 대한 규제들의 실질 효과에 대해 추가적인 통찰을 제공한다. 어떻게 그렇게 하는지를 알기 위해, 우리는 최저 임금 예를 계속해서, 규제가 있는 경우와 없는 경우에 대해 한 걸음 한 걸음 논리를 통해 조금씩 나아갈 것이다.

최저 임금이 부과된 후, 훈련 중인 근로자는 해고된다. 약간 돈을 벌고 자기 경력을 추진하는 데 필요한 경험을 얻기보다는 그는 지금 일자리를 찾고 있다. 그러나 모든 고용주가 시간당 $14를 지급하지 않을 수 없으므로, 일자리를 얻는 문턱은 이전보다 훨씬 더 가파르다. 훈련이 없이 이제 막 일을 시작하려는 근로자는 자기가 순이익에 적어도 그만큼 이바지할 일자리를 발견할 수 없고, 그가 또한 자기 생산성을 증가시킬 경험을 얻을 수도 없으므로, 그는 여전히 실업인 채로이다.

한편, 자기들의 일자리를 유지한 근로자들은 더욱더 좌절한다. 가장 돈을 많이 받는 근로자는 불공정하게 대우받는 것으로 느끼는데, 왜냐하면 자기는 임금 인상을 받지 못했지만 덜 생산적인 동료는 명백한 이유 없이 40퍼센트 증가를 받았기 때문이다. 그리고 지금 업무 수행 압력도 높고, 더 숙련된 근로자는 생산이 순조롭게 운영되게 하도록 덜 숙련된 근로자를 돕도록 기대된다. 세 근로자가 있었을 때가 더 좋았는데, 설사 세 번째 근로자가 아직도 일을 배우고 있었다고 할지라도 그렇다. 전에 그들 셋이 쉽게 생산했던 것을 이제는 그들 둘이 생산하느라 발버둥 치고 있다.

다음에는, 그 [보통] 숙련 근로자는 자기가 임금 인상을 얻었다고 믿고 자기가 누리곤 했던 몇몇 편익을 잃은 것에 부아가 난다. 그는 자기가 커피를 마시면서 잠시 쉬고, 동료와 이야기하며, 긴장을 풀고, 스트레스를 풀 수 있었던 때를 기억한다. 지금은 넘어지지 않고 있기가 더 힘들고 주말이 가까워짐에 따라 기진맥진함을 느낀다. 그 근로자가 자기의 생산성이 더 높은 임금을 정당화하지 않기 때문에 가까운 미래에 임금 인상을 기대하지 말라고 이야기 들었음은 말할 것도 없다.

이것은 시간당 $14이라는 부과된 최저 임금을 가지고 [눈에] 보이는 것이다.

최저 임금이 없는 반사실적인 세계에서는, 세 근로자 모두는 고용된 채로이다. 처음에 그들은 전과 똑같이 지급된다: 각자, 시간당 $7, $10, 그리고 $16. 그러나 훈련 중인 근로자가 경험을 얻음에 따라, 그의 생산성은 증대하고, 고용주는 그의 임금을 올리는데, 처음에는 $8로 그리고 그다음에는 그가 인력 시장에서 다른 근로자들만큼 생산적일 때 $10으로 올린다. 그 고용주가 왜 임금을 올릴까? 계단 모양의 임금 인상들이 전에 계약되었을지도 모른다. 혹은 아마도 그 고용주가 그 근로자에게 공정한 임금을 지급하기를 원할 것인데, 왜냐하면 그렇게 하지 않으면 그가 다른 곳에서 유리한 일자리를 찾고 얻을 것이기 때문이다.

다른 두 근로자도 역시 자기들의 생산성을 증대하고 임금 인상을 얻는다. 고용주는 이것을 감당할 수 있는데, 왜냐하면 그가 한 사람의 임금을 40퍼센트만큼 증가시킬 필요가 없기 때문이고 또한 그 근로자들이 더 큰 가치를 산출하기 때문이기도 하다. 그 근로자들은 더 높은 임금이 지급되는데, 왜냐하면 그들이 더 큰 가치를 제공하고 그러므로 회사와 일반 사회의 결합 부와 복지에 이바지하기 때문이다. 그래서 이내, 그들은 각각 시간당 $10, $12, 그리고 $17을 받는다—시간당 총 $39이고, 증가된 생산으로 지급되는 18퍼센트 증가이다.

그러나 이것은 여전히 전체 이야기가 아니다. 세 근로자가 번 임금들은 그들의 구매력이고, 그들은 이것을 다른 사람들이 생산하는 재화들을 사는 데 사용한다. 근로자들의 수요는, 생산에 대한 그들의 공헌의 결과인데, 다른 기업들에서 수입을 가능하게 한다.

우리는 이제 보이는 것과 보이지 않는 것—규제의 비용—사이 차이점이 단지 실업 근로자만이 아니라는 점을 알 수 있다. 이것은 즉각적인 효과인데 이 효과는 총산출을 줄이지만 (가장 낮은 생산성을 가진 근로자를 배제함으로써) 한계 임금과 산출을 증가시킨다. 그러나 또한 상실되기도 하는 것은 이 근로자가 얻었었을 경험이고, 그러므로 시간에 걸친 그의 생산성 증대이다. 그의 미래 일자리들과 어쩌면 그의 경력이 상실될 것이다. 그의 생산 증가도 역시 상실되고, 그러므로 그가 소비자들을 위해 창출했었을 가치도 역시 상실되는데, 소비자들은 그런 재화들을 살 수 없을 것이다.

실현되지 않는 것은 규제 때문에 전혀 존재하지 못하게 되는 모든 소중한 기회, 즉 생산되었을 재화들의 가치, 직업 훈련생의 경력, 근로자들의 재화 수요다. 경제는 전반적인 더 낮은 가치 궤도에 있는데, 이것은 상실이란 그렇지 않았더라면 달성되었었을 모든 가치라는 점을 의미한다.

이것은 예상 밖이 아닐 것인데, 왜냐하면 자유 시장 생산이, 비록 불완전할지라도, 소비자들에 봉사하는 것으로부터 이윤을 얻으려고 시도하는 기업가들에 의해 움직이기 때문이다. 이 질서가 전복될 때, 기업가들은 부족한 자원들의 최고 가치 용도들일 것이라고 자기들이 기대하는 것을 추구할 수 없다. 이것은 가장 생산적인 사업들―기대 가치 공헌에 기초한 임금들에서 그것들이 창출하는 일자리 기회들*과* 소비자들을 위한 최고 가치 재화들을 포함한다―이 상실될 것이라는 점을 의미한다. 실현되지 않는 것은 규제들의 진정한 비용이고, 그것은 보이지 않는 것을 훨씬 능가한다.

결론: 행동과 상호 작용

시장 경제에 관해서는 어떤 것도 마법과 같지 않다. 내가 보여주려고 시도했듯이, 시장은 아주 현실적이고 세속적이다. 그것은 확실하고 알 수 있는 방식으로 기능한다; 그것은 특정 작용을 가지고 있는데, 이것은 사람들의 행동들과 상호 작용들에서 나타나고 생긴다.

우리는 이 작용을 *경제 법칙들*(economic laws)이라 부르는데, 이것들은 물리학의 법칙들과 같은 의미에서 법칙들이다. 그것들은 피할 방법이 없다. 그것들은 변경할 수 없다.

비판자들은 시장들이 본성을 가지고 있지 않거나, 경제 법칙들이 없거나, 그것들이 항상 적용되지는 않는다고 주장한다. 그들은 시장들이 설계된다거나 설계되어야 한다고 그리고 "제도적 진공(institutional vacuum)"에서 작동한다고 때때로 주장한다. 그러나 이것은 오해다. 변화하는 상황은 시장 과정의 *결과*(outcome)를 바꿀 것이지만, 시장들은 제도적 환경과 상관없이 다르게 기능하지 않는다.

생산된 특정 재화들과 서비스들, 일자리 기회들의 수, 창출된 가치의 분배, 기타 등등은 *오직* 경제 법칙들에 의해서만 일어나지는 않는다. 그러나 그것들은 확실히 그런 법칙들의 지배를 받는다. 모든 다른 것이 똑같다면, 한 재화의 더 높은 가격은 그렇지 않으면 그럴 경우보다 그것이 덜 팔릴 것이라는 점을 의미한다. 이것은 다른 영향들이 아무런 효과도 없다는 점을 의미하지는 않는다.

예를 들면, 만약 정부가 모든 사람에게 다가오는 달에 어떤 재화를 사도록 요구하면, 수요량은 그 재화의 가격이 오르는 바로 그때 증가할 것이다. 요건 부과 대신에 새로운 유행이 많은 사람을 간절히 그 재화를 사고 싶어 하게 만드는 경우에도 똑같은 점이 사실일 것이다. 어느 경우에도 경제 법칙들이 회피되고 있거나 죽는 것이 아니다. 반대로, 양 결과는 경제 법칙들과 상당히 일치하지만, 특정 변화에 달려 있다.

그러므로, 우리는 시장 경제와 시장 과정 진화를 이해하기 위해 경제 법칙들을 이해해야 *한다*. 우리가 경제의 실제 작용을 밝히고 시장 과정의 뜻을 이해할 수 있는 것은 오직 적합한 경제학적 추론을 통해서 뿐이다. 만약 당신이 지금 그것을 이해한다면, 나는 성공했다.

우리가 먼저 시장들이 어떻게 작동하는지 이해하지 못한다면 특정 결과들은―예측하는 것은 말할 것도 없고―이해하는 것이 불가능하다. 이것은 *경제학적 읽고 쓰기 능력*(economic literacy)이 효과적인 정책 결정을 위한 필요 출발점이라는 점을 의미한다. 우리가 제9장에서 논한 규제들은 경제 법칙들을 고려해야 한다.

만약 우리가 시장 경제를 이해하지 못하면, 우리는 규제들이 끼칠 효과들을 이해할 수 없다―그리고 그것들이 비효과적일 뿐만 아니라 파괴적이기도 할 가능성이 충분하다.

경제학적 읽고 쓰기 능력은 파괴적 정책에 대한 교정 수단이다. 그러나 그것은 아주 훨씬 그 이상이다. 경제학적 읽고 쓰기 능력은 마음을 열게 하는 것인데, 왜냐하면 그것은 우리가 세계가 어떻게 작동하는지 진정으로 이해할 수 있게 해주기 때문이다.

추가적인 읽을거리

입문자를 위한 책

Ammous, Saifedean. *Principles of Economics*. Amman, Jordan: The Saif House, 2023.

Bastiat, Frédéric. *That Which Is Seen and That Which Is Not Seen* (1850). *The Bastiat Collection*, 1 – 48. Auburn, AL: Ludwig von Mises Institute, 2007의 제1권에서.

Bylund, Per L. *The Seen, the Unseen, and the Unrealized: How Regulations Affect Our Everyday Lives*. Lanham, MD: Lexington Books, 2016.

Hazlitt, Henry. *Economics in One Lesson*. New York: Three Rivers Press, 1979.

Murphy, Robert P. *Choice: Cooperation, Enterprise, and Human Action*. Oakland, CA: Independent Institute, 2015.

경제학 논저

Menger, Carl. *Principles of Economics*. 옮긴이 James Dingwall and Bert F. Hoselitz. Auburn, AL: Ludwig von Mises Institute, 2007.

Mises, Ludwig von. *Human Action: A Treatise on Economics*, 학자판. Auburn, AL: Ludwig von Mises Institute, 1998.

Rothbard, *Man, Economy and State: A Treatise on Economic Principles*. 2권. Princeton, NJ: D. Van Nostrand, 1962.

기업가 정신과 경제 성장

Bylund, Per L. *The Problem of Production: A New Theory of the Firm*. London: Routledge, 2016.

Foss, Nicolai J., and Peter G. Klein. *Organizing Entrepreneurial Judgment: A New Approach to the Firm*. Cambridge: Cambridge University Press, 2015.

Kirzner, Israel M. *Competition and Entrepreneurship*. Chicago: University of Chicago Press, 1973.

Schumpeter, Joseph A. *Theory of Economic Development: An Inquiry into*

Profits, Capital, Credit, Interest, and the Business Cycle. 옮긴이 Redvers Opie. Cambridge, MA: Harvard University Press, 1934.

경제 계산과 사회주의

Boettke, Peter J. *Calculation and Coordination: Essays on Socialism and Transitional Political Economy*. London: Routledge, 2001.

Hoff, Trygve J. B. *Economic Calculation in the Socialist Society*. Indianapolis, IN: Liberty Press, 1981.

Huerta de Soto, Jesús. *Socialism, Economic Calculation, and Entrepreneurship*. 옮긴이 Melinda Stroup. Cheltenham, UK: Edward Elgar, 2010.

Mises, Ludwig von. *Socialism: An Economic and Sociological Analysis*. 옮긴이 J. Kahane. 신판. New Haven, CT: Yale University Press, 1951.

화폐와 은행업

Lavoie, Donald. *Rivalry and Central Planning: The Socialist Calculation Debate Reconsidered*. Cambridge: Cambridge University Press, 1985.

Menger, Carl. *On the Origins of Money*. 옮긴이 C. A. Foley. Auburn, AL:

Ludwig von Mises Institute, 2009.

Mises, Ludwig von. *Bureaucracy*. New Haven, CT: Yale University Press, 1944.

Mises, Ludwig von. *The Theory of Money and Credit*. 옮긴이 J. E. Batson. Auburn, AL: Ludwig von Mises Institute, 2009.

Rothbard, Murray N. *The Mystery of Banking*. 제2판. Auburn, AL: Ludwig von Mises Institute, 2008.

Rothbard, Murray N. *What Has Government Done to Our Money?* 제5판. Auburn, AL: Ludwig von Mises Institute, 2010.

Salerno, Joseph T. *Money: Sound and Unsound*. Auburn, AL: Ludwig von Mises Institute, 2010.

자본 이론과 생산

Böhm-Bawerk, Eugen von. *Capital and Interest: A Critical History of Economical Theory*. 옮긴이 William Smart. London: Macmillan, 1890.

Garrison, Roger W. *Time and Money: The Macroeconomics of Capital Structure*. London: Routledge, 2000.

Hayek, Friedrich A. *Prices and Production*. 제2판. New York: Augustus M. Kelly, 1935.

Hayek, Friedrich A. *The Pure Theory of Capital*. Auburn, AL: Ludwig von Mises Institute, 2009.

Kirzner, Israel M. *An Essay on Capital*. New York: Augustus M. Kelley, 1996.

Lachmann, Ludwig M. *Capital and Its Structure*. Kansas City, KS: Sheed Andrews and McMeel, 1978.

Lewin, Peter. *Capital in Disequilibrium: The Role of Capital in a Changing World*. Abingdon, Oxfordshire, UK: Routledge, 1998.

경기 순환

Ebeling, Richard M., ed. *The Austrian Theory of the Trade Cycle and Other Essays*. Auburn, AL: Ludwig von Mises Institute, 1996.

Huerta de Soto, Jesús. *Money, Bank Credit, and Economic Cycles*, 옮긴이 Melinda A. Stroup, 제4판. Auburn, AL: Ludwig von Mises Institute, 2020.

Mises, Ludwig von. *The Theory of Money and Credit*. 옮긴이 J. E. Batson.

Auburn, AL: Ludwig von Mises Institute, 2009.

Rothbard, Murray N. *America's Great Depression*. 제5판. Auburn, AL: Mises Institute, 2000.

Rothbard, Murray N. *The Panic of 1819: Reactions and Policies*. Auburn, AL: Ludwig von Mises Institute, 2007.

Temin, Peter. *Lessons from the Great Depression*. Cambridge, MA: MIT Press, 1991.

방법과 경제학적 추론

Gordon, David. *An Introduction to Economic Reasoning*. Auburn, AL: Ludwig von Mises Institute, 2000.

Hoppe, Hans-Hermann. *Economic Science and the Austrian Method*. Auburn, AL: Ludwig von Mises Institute, 2007.

Mises, Ludwig von. *Theory and History: An Interpretation of Social and Economic Evolution*. Auburn, AL: Ludwig von Mises Institute, 2007.

Mises, Ludwig von. *The Ultimate Foundations of Economic Science: An Essay on Method*. New York: D. Van Nostrand, 1962.

Selgin, George A. *Praxeology and Understanding: An Analysis of the Controversy in Austrian Economics*. Auburn, AL: Ludwig von Mises Institute, 1990.

지은이에 관해

페어 바일런드(Per Bylund) 박사는 미제스 연구소의 선임 연구위원이자 오클라호마 주립 대학교(Oklahoma State University) 스피어스 경영대학(Spears School of Business) 기업가 정신 학부(School of Entrepreneurship)에서 기업가 정신 부교수 및 조니 D. 포프 교수(Johnny D. Pope Chair)이며, 스톡홀름 라티오 연구소(Ratio Institute)의 부연구위원이다. 그는 이전에 베일러 대학교(Baylor University)와 미주리 대학교(University of Missouri)에서 교수직을 가졌다. 바일런드 박사는 기업가 정신과 경영 양쪽 다에서의 최고 저널들에서 뿐만 아니라 ≪오스트리아학파 경제학 계간 학술지(Quarterly Journal of Austrian Economics)≫와 ≪오스트리아학파 경제학 논평(Review of Austrian Economics)≫ 양쪽 다에서도 연구를 발표했다. 그는 두 권의 단축하지 않은 책, ≪보이는 것, 보이지 않는 것, 그리고 실현되지 않는 것: 규제들이 우리의 일상생활에 영향을 미치는 방법(The Seen, the Unseen, and the Unrealized: How Regulations Affect our Everyday Lives)≫과 ≪생산의 문제: 기업의 새 이론(The Problem of Production: A New Theory of the Firm)≫의 저자이다. 그는 ≪오스트리아학파 현대 안내서(The Modern Guide to Austrian Economics)≫와 ≪오스트리아학파의 차세대: 조지프 T. 살레르노 기념 에세이들(The Next Generation of Austrian Economics: Essays In Honor of Joseph T. Salerno)≫을 편집했다. 그는 네 개의 창업 기업을 설립했고 ≪기업가(Entrepreneur)≫ 잡지에 칼럼을 쓴다. 더 많은 정보를 얻기 위해서는 PerBylund.com을 보라.

옮긴이 후기

이 책은 Per L. Bylund, *How to Think about the Economy: A Primer*, Mises Institute, 2022를 번역한 것이다. 페어 바일런드는 우리가 경제를 어떻게 생각해야 하는지를 짧은 지면에 설득력 있게 설명하고 있다. 옮긴이는 처음 이 후기에서 이 책의 간단한 소개 글을 쓸 생각이었는데, 미제스 연구소의 ≪오스트리언(The Austrian)≫ Vol. 8, No. 5, September-October 2022에서 이 책에 대한 명료한 소개(p. 27)를 발견하였다. 그래서 그것으로 대체한다.

모든 오스트리아학파 경제학 연구자는 페어 바일런드 교수께서 자기의 새로운 짧은 입문서로 모든 사람이 인간 행동학의 본질적인 구조를 파악할 수 있도록 해주신 데 대해 덕을 보고 있다.

그가 설명하듯이, 우리는 경제학을 한 걸음 한 걸음 고찰해야 하는데, 적합한 첫걸음은 행동 공리ㅡ즉, 인간들이 행동한다는 근본적인 진실ㅡ이다. 자기 목표를 달성하려고 할 때, 사람들은 교환이 열쇠라는 점을 발견한다. 교환은 분업을 통한 전문화를 허용하는데, 이것은 생산성을 크게 높인다. 다시 간단한 한 걸음 한 걸음 논리를 강조하여, 바일런드는 사람들이 오직 자기들이 이익을 얻을 것으로 기대하는 경우에만 교환할 것이라고 언급한다. 이것은 일단 파악되면 기본적인 원리이지만, 그것은 시장을, 그리고 그것에 대한 정부 간섭이 잘못인 이유를, 널리 이해하는 열쇠가 된다. 간섭은 사람들이 자기들의 자유롭게 선택된 목표들을 달성하는 것을 막는다.

시장 활동의 기본 원리를 확립한 후, 바일런드는 시장이 중앙에서 지시되는 것이 아니라 하나의 과정이라는 점을 계속해서 보여준다: 시장은 소비자들의 선호 변화에 반응하고, 그 반응은 기업가들이 이윤을 추구하려고 노력함에 따라 모습을 갖춘다. 자기들의 조정 역할을 수행할 때, 기업가들은 불가피하게 화폐 가격들에 의지하는데, 바일런드는 화폐 계산의 본질뿐만 아니라 화폐의 기원에 관한 오스트리아학파 견해도 면밀하게 설명한다.

반응적인 시장에서 화폐 계산의 주요 역할을 고려하면, 정부가 화폐에 간섭하지 않는 것이 지극히 중요하지만, 너무나 자주, 그것은 바로 그런 일을 하는데, 인플레이션과 은행 신용 확대를 통해서다. 신용 확대는 특히 치명적인데, 그것이 경기 순환을 움직이기 때문이다. 프레데리크 바스티아와 헨리 해즐릿의 선례를 따라, 바일런드는 자기의 분석을 확대하여 정부 개입이 그저 단기에서 특혜받는 이익 집단들의 이익만 고려하고 장기, "보이지 않는 것"을 무시한다는 점을 보여준다.

≪경제에 관해 생각하는 방법≫의 독자들은 자유 시장이 작동하는 방법과 그것을 그것의 적들로부터 지키는 방법에 관해 명백한 깨달음을 가지고 떠날 것이다.

당신은 책을 mises.org/primer에서 주문할 수 있다.

이 사업을 가능하게 한 우리의 모든 후한 기부자에게 감사드린다.

마지막으로, 올바른 경제학적 사고방식을 가르쳐 주는 이 책을 번역 출판할 수 있게 허락해 주신 데 대해, 역자는 미제스 연구소의 편집국장 주디 타메슨(Judy Thommesen)께 감사드린다.

2023년 1월 28일 역자

옮긴이에 관해

황수연은 진주고등학교와 서울대학교 경영학과를 졸업하고 서울대학교 행정대학원에서 행정학 석사와 박사 학위를 받았다. 경성대학교(행정학과 교수)를 정년퇴직하였으며, 한국하이에크소사이어티 회장을 역임하였다. 한국개발연구원(KDI) 연구원으로, 그리고 경성대학교 재직 중에는 애리조나 대학교 경제학과(1991년[풀브라이트 교환학자], 1997년), 조지 메이슨 대학교 공공선택 연구 센터(2004년), 그리고 플로리다 주립대학교 경제학과 및 스타브로스 센터(2013년)에서 교환 교수로 연구하였다. 공공선택론, 오스트리아학파 경제학, 시장 경제, 그리고 자유주의 분야의 책을 다수 번역하였고, 미제스 연구소의 미제스 와이어를 번역하는 일에도 동참하고 있다.

옮긴이 **황수연**이 낸 역서(공역 포함)

≪득표동기론: 공공선택론 입문≫ (고든 털럭)
≪현대 정치 경제론≫ (브루노 S. 프라이)
≪국민 합의의 분석: 입헌 민주주의의 논리적 근거≫ (제임스 M. 뷰캐넌과 고든 털럭)
≪동물 사회의 경제학: 생물 경제학 서설≫ (고든 털럭)
≪새 연방제론: 지방자치의 공공선택론≫ (고든 털럭)
≪게임 이론: 개념과 응용≫ (프랭크 저게리)
≪사적 욕망과 공공 수단: 바람직한 정부 범위에 관한 경제학적 분석≫ (고든 털럭)
≪지대 추구≫ (고든 털럭)
≪합리적 투표자에 대한 미신: 민주주의가 나쁜 정책을 채택하는 이유≫ (브라이언 캐플런)
≪공공재, 재분배 그리고 지대 추구≫ (고든 털럭)

≪득표 동기론 II: 공공 선택론의 이해≫ (고든 털럭)
≪자유주의로의 초대≫ (데이비드 보어즈)
≪관료제≫ (루트비히 폰 미제스)
≪전제 정치≫ (고든 털럭)
≪간결한 경제학 길잡이≫ (짐 콕스)
≪복지, 정의 그리고 자유≫ (스콧 고든)
≪도시 정부의 이해: 대도시 개혁의 재고≫ (로버트 L. 비시와 빈센트 오스트롬)
≪경제 모형과 방법론≫ (랜들 G. 홀콤)
≪공공선택론 입문≫ (에이먼 버틀러)
≪대중을 위한 경제학: 오스트리아학파 입문≫ (진 캘러헌)

≪미국의 외교 문제: 간결한 역사≫ (고든 털럭)
≪루트비히 폰 미제스 입문≫ (에이먼 버틀러)
≪시장은 어떻게 작동하는가: 불균형, 기업가 정신 그리고 발견≫ (이즈리얼 M. 커즈너)
≪자유주의와 연고주의: 대항하는 두 정치 경제 체제≫ (랜들 G. 홀콤)
≪오스트리아학파 경제학 입문≫ (에이먼 버틀러)
≪대도시 지역의 공공경제: 공공선택 접근법≫ (로버트 L. 비시)

≪자유 사회의 기초≫ (에이먼 버틀러)

≪초보자를 위한 자유의 길잡이≫ (리처드 웰링스 편)

≪기업가 정신과 경제적 진보≫ (랜들 G. 홀콤)

≪고전적 자유주의 입문≫ (에이먼 버틀러)

≪축약된 국부론: 그리고 대단히 축약된 도덕 감정론≫ (에이먼 버틀러)

≪자유 101≫ (매드센 피리)

≪공공 정책과 삶의 질: 시장 유인 대 정부 계획≫ (랜들 G. 홀콤)

≪번영의 생산: 시장 과정의 작동의 탐구≫ (랜들 G. 홀콤)

≪상식의 경제학: 모든 사람이 부와 번영에 관해 알아야 하는 것≫ (제임스 고트니, 리처드 스트룹, 드와이트 리, 토니 페라리니, 및 조지프 캘훈)

≪애덤 스미스 입문≫ (에이먼 버틀러)

≪공공선택론 고급 개론≫ (랜들 G. 홀콤)

≪아인 랜드 개론≫ (에이먼 버틀러)

≪시장의 재도입: 시장 자유주의의 정치적 부활≫ (존 L. 켈리)

≪자본주의 개론≫ (에이먼 버틀러)

≪정치적 자본주의: 경제 및 정치 권력이 어떻게 형성되고 유지되는가≫ (랜들 G. 홀콤)

≪학파: 101인의 위대한 자유주의 사상가≫ (에이먼 버틀러)

≪본질적인 오스트리아학파 경제학≫ (크리스토퍼 J. 코인과 피터 J. 뷧키)

≪기업가 정신 개론≫ (에이먼 버틀러)

≪본질적인 애덤 스미스≫ (제임스 오티슨)

≪민주주의 개론≫ (에이먼 버틀러)

≪본질적인 제임스 뷰캐넌≫ (도널드 J. 부드로와 랜들 G. 홀콤)

≪본질적인 밀턴 프리드먼≫ (스티븐 E. 랜즈버그)

≪무역과 세계화 개론≫ (에이먼 버틀러)

≪본질적인 자유의 여성들≫ (도널드 J. 부드로와 이언 J. 스코블 편)

≪경제적 불평등 개론≫ (에이먼 버틀러)